《桥梁》装备篇专辑

引领桥梁装备　　振兴民族工业
实现中国制造　　推进中国创造

《桥梁》装备篇专辑编辑委员会

主　任　黄　雍

副 主 任　陈维克　杨志刚

　　　　　　于抒霞

委　员　高　峰　黄　旭

　　　　　张炳桥　张　萍

　　　　　魏　薇　朱代炼

　　　　　杨瑞娟　周曙光

　　　　　康　萍　郝玉宝

　　　　　刘　昱

目录 CONTENTS

➡ 装备在线

"天一号"3000吨海上运架梁起重机 …………………………………… 2

运梁先锋——国产MBEC900C运梁车 ………………………………… 4

三点起吊 平稳架桥——JQJ700吨架桥机 …………………………… 6

铁路客运专线桥梁建设的新宠——ZQM900移动模架造桥机 ………… 8

"雪浪号"400吨全回转起重船 ………………………………………… 10

大起吊高度提梁机助力桥梁施工——MG500型提梁机 ……………… 12

锐不可当 钻孔专家——KTY4000型钻机 …………………………… 15

高铁架梁领头羊——SPJ/32型900吨上导梁架桥机 ………………… 17

2400吨双臂架变幅式起重船 …………………………………………… 20

"海威951号"打桩船——95米打桩船 ……………………………… 22

造桥多面手——ZQM1700移动模架造桥机 …………………………… 24

"机械壁虎"——可爬坡式检查车 …………………………………… 26

打出环保牌 赢得经济分——JQJ200节段拼装式架桥机 …………… 28

国内桥梁隔震产品应用的发展 ………………………………………… 30

开启同心金钥匙——台湾大鹏桥开启设备 …………………………… 34

创新设计 大家风范——重型变幅式船用起重机技术创新及应用 … 36

山水长空"荡秋千"——LZD400步履式液压缆载吊机 ……………… 40

➡ 装备与工法

我国钢梁架设吊机的发展与展望 ……………………………………… 44

"天一号"的三次"变形" …………………………………………… 46

杭州湾大桥70米箱梁的孵化器——整体钢梁板制梁 ………………… 48

特大型桥梁工地的"擎天柱" ………………………………………… 50

步履式顶推系统——为九堡大桥量身定做 …………………………… 53

中心起重船——近海施工设备的再次提升 …………………………… 56

液压铣槽机有进度更有精度 …………………………………………… 58

吊具——海上桥梁施工的"多面手" ………………………………… 61

架设公铁两用桥的顶推设备 …………………………………………… 63

360°全回转拱上架梁起重机 ………………………………………… 65

高速铁路提梁巨手的多变式改造 ……………………………………… 67

漂移的工厂——"大桥海天"系列混凝土工作船 …………………… 70

桥面吊机——用于大跨悬索桥悬臂钢梁的架设 ……………………… 72

600米弯道施工显身手——ZQM1000移动模架造桥机 ……………………………… 75
轻吊机稳抓万斤梁——700吨整节段架梁吊机 ……………………………………… 77

➡ 装备史话

中国首台震动打桩机的诞生 …………………………………………………………… 82
我仅是一片绿叶—— 记桥梁施工机械装备专家钱学新 …………………………… 86
YKC-31型冲击式钻机——书写桥梁水上钻孔的历史 ……………………………… 90
开创桥梁旋转成孔法先河——DQ2450旋转钻机 …………………………………… 93
独领风骚十余载——BDM系列钻机研制回顾 ……………………………………… 96
DK35吊机——新中国最早制造的架梁吊机 ………………………………………… 99
7035起重机九江长江大桥显神通 …………………………………………………… 102
天津海门开启桥提升设备诞生始末 ………………………………………………… 104
我国第一台双臂式架桥机 …………………………………………………………… 106
桥梁建设工法的春天——我国首台大跨度预应力混凝土梁架桥机 ……………… 108
KPG-3000全液压钻机的诞生 ………………………………………………………… 110
我国钢桁架拱桥架梁起重机的发展与展望 ………………………………………… 112
东海振翅"小天鹅" …………………………………………………………………… 116
四代钻机与四座标志性大桥 ………………………………………………………… 120

➡ 海外装备

智能化桥梁检修车 …………………………………………………………………… 126
JACK-UP BARGES海上施工平台 …………………………………………………… 127
旋挖钻机 ……………………………………………………………………………… 128
多功能插拔桩机 ……………………………………………………………………… 129
日本东京港临海大桥与海工装备 …………………………………………………… 130
新型履带式起重机 …………………………………………………………………… 131

➡ 武桥采风

探秘武桥重工——写在武桥重工集团股份有限公司成立55周年之际 …………… 134
武桥转身　玩活了资本 ……………………………………………………………… 142

EQUIPMENT

ONLINE 装备在线

"天一号"3000吨海上运架梁起重机

文/吴元良 任继新 康萍 徐丹

2008年5月1日，备受瞩目的世界第一跨海大桥——杭州湾跨海大桥正式运营通车。在该桥70m、重达2200t箱梁的架设过程中，武桥重工采用自主创新研制的"小天鹅号"和"天一号"起重船起到了关键作用，为杭州湾大桥顺利建成立下了汗马功劳。

"小天鹅号"2500t起重船是专为我国第一座海上施工大桥——东海大桥研制的。由于杭州湾大桥混凝土梁的架设高度比东海大桥增加了10m、梁重增加了200t，因此施工方要求武桥重工对"小天鹅号"进行改造，使其起重量能够满足杭州湾跨湾大桥架梁的需要。同时决定重新为杭州湾跨海大桥研制一艘起升高度53m、起重量3000t的海上运架梁"天一号"起重船，让"天一号""小天鹅号"共同承担起杭州湾跨海大桥的全部架梁任务。

和以往的船用起重机相比，"天一号"研制的难点在于：起重机从梁场吊梁上船，起重船在海上航行中会遇到横涌、横浪和横风，起重机如何保证起吊梁不发生滑移和引起船倾；起重机在起吊2200t混凝土梁重（起重量是亚洲第一、世界第二）时，如何保持梁体的均载性和平衡性。

减小波浪对梁的摇摆力——绑扎托架

对于采用运架梁一体化的新型工程施工船舶，在载重航行时，其运载状况必须经过严格理论计算。杭州湾70m长的预制梁加上吊梁扁担及附属部件总计近2700t，根据测算，起重船在航行时风浪引起的纵横船摆向摇荡力分别可达180t和300t。"天一号"起重机采用在船甲板上对应梁体两端的下方设置液压绑扎托架来约束梁体的水平位移法。

绑扎托架由4个下部油缸和2个侧向油缸组成。4个恒压的油缸支承托住混凝土梁的下部。每个油缸向上恒定承托力约2×50t，油压由液压泵控制，可随着混凝土梁上下晃动提供恒力，有效地减少波浪引起的升降运动产生的荷载冲击。绑扎托架的2个侧向油缸夹紧混凝土梁的侧面，侧向托架活动钳口的水平夹紧油缸将梁体夹紧，活动钳口被绑扎托架固定座约束了水平移动，只允许能沿固定座垂直升降，以保证梁体的重量由起重架来承受。这样，绑扎托架只允许混凝土梁在运输过程中有垂直方向的浮动，而不能在平面内摆动摇晃。通过底部顶升油缸的油压，减轻船在航行时的冲击载荷和提供减振阻尼；通过侧向油缸的夹紧，约束梁体的水平位移。同时锁紧起升卷扬机的制动器并合上棘轮棘爪，这样就牢牢地"绑"住了混凝土梁。这种技术完全能满足使用要求，具有独创性，获得了实用新型国家专利技术。

平稳起吊的保证——同步起升机构

混凝土梁体对起吊过程均载性和平衡性要求较高，70m长的梁体只要扭曲超过7mm即会将梁体扭伤而产生裂纹。所以"天一号"起重机采用8台卷扬机，并设置了精确同步起升机构，具有价格便宜、机构总重量轻等优点。同时还采用以下措施来达到均载和平衡起吊目的：对应于吊梁扁担的4个吊点，每个吊点采用两台卷扬机一组同步轴刚性同步；一侧吊梁扁担的两个吊点采用平衡梁结构，以保证吊梁扁担呈3点受力不会扭曲；采用电气控制系统对4组卷扬机转速进行同步性能闭环微调。

精确架梁的保证——中心起吊法

在东海大桥之前，内河上架梁用的都是双臂杆起重机进行架梁。这种架梁方法会使臂杆式起吊方式受力点偏向于船头，在架落梁时船头是向前"栽"的，容易引起船体倾覆及产生落梁吊点水平位移。杭州湾大桥落梁4支点高差要求控制在4mm内，纵横移偏差要求在10mm内，臂杆式起吊70m2200t混凝土梁，落梁过程中吊点有较大范围的水平位移，无论是架梁精度还是吊装安全都难以保障。

"小天鹅号"采用的是中心起吊方式，即起重吊点布置在船体浮心位置，起重机起重作业时，船体始终保持着正浮平衡状态，船体首尾吃水深度一致，起落梁时更平稳。这种方式有利于架梁安装精度对位和施工安全，从而开辟了海上运架梁一体化的先河，也填补了国内空白。

同样，"天一号"起重船采用的也是中心起吊的方法。"天一号"起重船在梁场取梁作业时，将预制好的混凝土梁体横移运至栈桥码头的端头，将起重船船头对准梁体中心缓慢驶入栈桥，并使吊梁扁担处于梁体的正上方，将吊梁扁担下放至接近梁顶面处，使用船上的吊梁辅助设备将承托混凝土梁体的托梁安放于混凝土梁体的吊点下方，用8根钢拉索从吊梁扁担处穿过混凝土梁体两端的预留孔与托梁联成一体。使用起重机构的4组双联卷扬机同步起升，通过动、定滑轮组及钢丝绳系统将吊梁扁担和梁体一同提起。吊起梁体后，起重船向后退出栈桥码头。

当起重船航行至桥位附近后，松开绑扎托架活动钳口的夹紧油缸，打开起升卷扬机的制动器和棘轮棘爪，使起重机构的四组起升卷扬机同步起升，将梁体提升到略高于桥墩的高度。用锚机将起重船缓慢移进桥墩的开档处，使所吊梁体对准桥位后，将梁体下放落在桥墩上。当梁体的重量全部由桥墩承受后，钢拉索就处于不受力的状态，使用吊梁扁担上的辅助设备将钢拉索脱离托梁并提升到梁体上方，用卷扬机将钢托梁下放至水面，用船上的辅助设备将托梁回收到船舷边，此时起重船已与梁体脱离接触。用锚机将起重船移出桥位，将吊梁扁担下放至绑扎托架活动钳口处并将其夹紧，返航后即可进行下一片梁的运架循环作业。

设计上的先进性

"天一号"起重机在设计上不但具有上述三大优势，同时在设计上还有以下先进性：考虑到便于改造适应长江内河通航净空的问题，因此起重机主结构分为两部分：下部为固定刚架，与船体结构焊为一体，上部为可拆刚架。上部可拆式考虑起重架建造安装和完工拆卸的方便，下部固定刚架满足长江内河通航净空的要求。距水平面24m以下高度起重架下部部分为整体式、永久性结构；主结构起重架和吊梁扁担采用16Mn材料，用有限元ALGOR计算软件，对起重架和吊梁扁担进行整体建模计算。研究设计的国内最大的整体箱形节点，经过优化设计，主结构不仅满足海上运架梁各种受力工况，并具有自重轻和安装便利的特点。

在大桥架设的近千个日夜里，在"云娜""麦莎""卡努""桑美"等10多次台风以及海上恶劣的环境影响下，2007年5月21日，在"天一号"和"小天鹅号"的通力合作之下，全部箱梁的架设比合同工期提前189天圆满完成，为提前通车赢得了宝贵时间。■

运梁先锋
——国产 MBEC900C 运梁车

文/张炳桥 康萍 徐丹

2005年上半年，我国多条铁路客运专线陆续开工建设。为保证铁路的高速运行及少占用农田耕地，修建的客运专线以高架桥为主，占到了线路的70%，京津城际铁路甚至占到了80%以上。而900t运梁车就是为我国客运专线建设专门研制的。

业内人士都知道，桥梁架设有两种方法：一种是用模板直接在桥墩上浇铸，另一种是先预制好再架设上去。由于施工条件的限制，一般采用的是后者。在桥梁预制厂立模板浇铸混凝土成型（俗称"打梁"），梁做好后用起重设备把它移到存梁场存起来，再用运梁车把梁运到现场，最后由架桥机把梁架设到位，这就是常说的"制、提、运、架"梁过程。由于铁路客运专线都是大吨位、整孔箱梁架设，因此急需一批专为客运专线桥梁架设而制造的装备，其中"运、架"梁设备是客运专线建设的关键设备。

从2002年开始，国内一些施工单位和科研单位合作，陆续开发了一些架桥机，但客运专线900t级预制混凝土箱梁轮胎式运梁车属专用施工设备，技术含量高，国际上只有少数几家公司生产过。国内虽有少数几家公司开发了900t运梁车，但操作控制上采用的是连杆转动。

国际上使用的全轮独立转向控制系统与国内采用的连杆转动相比，具有以下优势：

1．控制系统。全轮独立转向采用的是SCADA系统结构，在独立转向模式中，每个轮组可以根据实际转向的不同要求进行独立转向。而连杆式操作广泛采用的是CAN-BUS系统，它的轮组每两个或三个是用连杆连在一起的，在转向时是通过轮组与轮组间的连杆来实现的。显然，在操作灵活性上，全轮独立转向控制具有连杆式控制所无法比拟的优势。

2．施工工法。现场施工架梁主要有两种工法：喂梁法和拖梁法。

拖梁法是由运梁台车把预制梁从存梁场运输到架桥位置，再用运梁小车往前牵引到导梁处，由导梁先安装对位，再撤去导梁，由架桥机把待架梁安装到位。

喂梁法是由运梁台车把预制梁从存梁场运输到架桥位置，把运梁台车停在架桥机下，精确对位后由架桥机架设到位。由于运梁车左右两边距架桥机支腿边缘各只有160mm的空隙，连杆式运梁车在这么小的空间转向、精确对位几乎是不可能的，而对于具有自动导航、纠偏精度达±80mm的独立转向的运梁车来说却是游刃有余的。

因此，连杆式运梁车只能用于拖梁施工，而独立转向运梁车对拖梁和喂梁两种工法同时适用。

3. 全轮独立转向运梁车独有自动导航和自动纠"偏"功能。

4. 轮胎的损耗上。在突然转向和驻动时，连杆式运梁车"绑"在一起的轮胎与地面的摩擦非常大。全轮转向运梁车与地面的摩擦较小，因此轮胎的损耗更少。

铁道部当时制定的指导意见是制、提、架、移设备国产化，运梁车依靠进口设备购置。但随着铁路客运专线建设步伐的加快，运梁台车的需求增大，全部采用进口造价将非常昂贵，为降低工程成本，满足施工需要，铁道部决定研制国产化900t运梁车。

2006年6月，铁道部将900t运梁车国产化的研制重任交给武桥重工。

针对运梁车转向架工作复杂、转向精度高、控制难度大的特点，攻关组首先按1∶40的比例做了一台全仿真模型，在模型车上安装公司自主研发的控制系统和控制软件，如果在模型车上能够试验成功，900t运梁车研制工作就成功了一半。

攻关组采用可编程控制系统（PLC）、CAN总线控制器等当前自动化控制设计中的前沿技术，把整个控制系统划分为若干段控制电路板，每一段试验成功后再拼在一起进行整体控制试验。他们把设计好的每一块或者几块控制电路板接上电源，通电7天以测试它的稳定性。

2006年11月10日，铁道部科技司在北京召开"客运专线MBEC900C型运梁车"技术设计审查会。会议通过了"客运专线MBEC900C型运梁车"的技术设计审查，建议尽快开展样机的试制工作，以便我国首台MBEC900C型轮胎式运梁车早日问世。

2007年5月13日，铁道部科技司主持召开了"900t运梁车国产化项目评审会"，评委们观看了运梁车实际演示情况后最终形成评议意见：①该运梁车达到了合同技术设计要求，其自主研制的控制系统先进，达到了国际现有水平。②最大行驶速度、自动导航精度、全轮独立转向性能等指标优于进口产品。评审委员会一致同意客运专线900t运梁车通过出厂评审，可以批量生产。

2007年7月，首台国产化900t运梁车从武桥重工发运，开赴温福线宁德特大桥去完成它的"重大使命"。12月下旬，从现场发回喜讯：首台国产化运梁车已成功运梁100片，保证了大桥的建设速度。它不但实现了"能动"，而且在使用中非常灵活，受到了用户的好评。

国产化900t运梁车适用于铁路客运专线双线整孔32m、24m、20m箱梁在路基、桥面、梁场的运输，以及向架桥机喂梁等工作，同时还可以用来驮运架桥机转场。适用的工作环境：海拔高度≤2000m；环境温度：-20～50℃；风力（工作状态≤6级，非工作状态≤11级）；路面：平坦的水泥及压实的级配石路面；工作环境中无易燃、易爆及腐蚀性气体；相对湿度≤90%。

附表：MBEC900C型轮胎式运梁车主要技术参数

项　　目	数　据（单位）
最大运输能力	900t
空载运行速度	12km/h
满载运行速度	6km/h
满载爬坡能力	6%
每轴轮胎数	4个
轮胎总数	68个
总宽度	5741mm
总长度	45337mm
空载运量车高度	2731mm
空载走行状态时与地面间隙	561mm
重载走行状态时与地面间隙	481mm
轮对横向摆动角度	±4°
最大行走转向角	±43°
最小中心回转半径	22m
最小外回转半径	32m
转向方式	5种：自动驾驶转向、全轮转向、斜行、前/后轴固定转向、驻车转向
可以自动转向	（在走行路线上有一条参考标志线）
直行时有"纠偏"设置	纠偏精度±81mm

三点起吊 平稳架桥
——JQJ700吨架桥机

文/涂光骞 杜斌武 康萍 徐丹

一项大的工程往往会催生一批先进的设备，JQJ700t架桥机的诞生便是如此。

2004年9月，在当今世界同类型大桥中拥有"跨度、速度、荷载、宽度"四项第一的武汉天兴洲长江大桥正式破土动工。其中，宽度30m的主桁也是世界第一，施工方决定在主桥的空间结构设计上，采用3片主桁、3个索面的新型结构形式，而目前国内所有钢桁梁主桁均设计为两片。

在钢桁梁的安装架设方面常用的有两种方法：一种是散拼，即把分散杆件运至桥梁工地，在施工完成的桥墩上拼装，边拼装边前进，这种拼装方法需要事先用万能杆件搭好大型的脚手架，水中拼接时还需要大型浮吊进行吊装，因此需要大量的辅助设备，造价高，且拼装速度非常慢；一种是整节段拼装法，即将钢桁梁在工厂分段（每一段称为一个"桁段"）拼装好，运至大桥工地，再用专门起吊设备吊至桥墩上方，一段段拼装对接，这样架设拼装精度高（在工厂拼装比在桥墩上拼装的控制精度容易得多），速度快，之前这种方法只在国内20m以下宽度的大桥上使用过。

经过充分论证，施工方决定采用后者：桁段整节段拼装法。但问题是国内既没有起吊这种长14m、宽30m、高15.2m、重650t"庞然大物"的设备，也没有3片主桁起吊的方法。

采用什么设备进行整体吊装对接成了保证大桥施工的关键环节。2006年4月，武桥重工接下这一极具挑战性的任务。通过对包括结构特性、自动化控制、起吊工艺、液压动力步履同步行走等多项关键技术进行全面攻关，最后决定采用"三点起吊"的超静定模式起吊，采用"变频调速—涡流制动系统"进行精确控制。"三点起吊"方式为国内首创，并荣获国家发明专利。

"三吊点"超静定系统稳定起吊控制模式

天兴洲大桥钢梁空间结构上采用的是3片主桁，钢桁梁节段是由上下弦杆、斜杆、竖杆、铁路纵横梁及平联、公路正交异性板和临时杆件组成，为了保证整个钢梁的整体性和牢固性，在吊装到位后，通过4000～5000个高精度螺栓与前段桁梁在接头处互相交叉铆固，联结成一个整体。

独特巧妙的创新结构设计。JQJ700t架桥机在进行结构设计时，配置了3组起升机构，3个主桁各配置一组，每组吊具的起升机构均采用两台进口的电动卷扬机，两边桁卷扬机可联合动作，也可独立动作，同时可保证起吊到位后精确对位拼接。JQJ700t架桥机顶部配有3套吊具纵、横移滑车，可将整体节段吊至所需高度并平移到拼装位。吊具纵、横滑车与起升机构配合下能够全方位调整节段的纵向、横向和转角，通过移动和微调使桁段精确对位，进行拼装铆固。

"双闭环"起吊过程自动控制。对于两片主桁结构桁梁，采用两点起吊方式吊装，属于静定系统起吊。两点起吊时，节段梁受力状态基本不发生改变，只需控制两个吊点起吊速度，使两个吊点保持平衡。建立一个以吊点位移值为控制对象的单闭环控制系统，通过检测两个吊点位移偏差值，根据两个吊点位移偏差状态，实时调整相应吊点起吊速度，减少或消除两个吊点位移偏差值，可以满足两点起吊节段梁起吊过程控制。

3片主桁结构的天兴洲大桥节段梁采用三吊点吊装，属于超静定系统起吊控制。节段梁在整个吊装过程3个吊点的受力、起吊速度及位移等状态参数必须严格按限定条件，实施精确控制，否则节段梁会产生变形，有可能导致节段梁受损或架梁设备破坏。JQJ700t架桥机计算机控制系统对6台卷扬机构成的3组独立卷扬设备，采用"双闭环"控制回路：即以两边吊点位移值为控制对象，实时调整两边卷扬设备的卷扬速度，通过这个闭环控制回路，使节段梁吊装过程保持平衡；同时以两边吊点和中点载荷值为控制对象，实时调整中点卷扬设备的卷扬速度，通过这个闭环控制回路，使节段梁吊装过程3个吊点保持稳定的受力状态。

JQJ700t架桥机控制系统采用工业控制计算机作中心控制器；应用了总线通信、变频调速、PLC等多项先进控制技术；设计配置了对作业过程各种状态参数的检测装置。一项前期自主开发的"变频调速—涡流制动系统"控制技术，使几个关键难点问题得以顺利解决。

变频调速—涡流制动系统

对常规电力拖动设备解决平稳调速控制，采用变频器变频调速无疑是个好办法。但是当设备拖动的对象是位能性质负载，比如起重机吊装重物，就要慎重考虑解决如何平稳控制重载下放速度、防止位能引发"溜钩"事故的问题。因为变频器控制的变频电机本身不是适应起重作业的专用电机，变频器通常只能很好地调整电机转速，但不改善电机的转矩特性，很大范围内还影响电机的功率特性。目前的基本途径是使电机进入再生发电状态，靠能耗产生制动力矩。具体办法是加大变频器容量，同时配置足量的制动单元和制动电阻。由于制动单元和制动电阻的成本和规模（体积）都远超过变频器本身，这确是一个不够理想的解决办法。因此国内对于大型起重设备，除非对平稳调速控制要求过于苛刻，一般都不采用变频器变频调速控制。

教授级高工涂光骞在2003年提出的"变频调速—涡流制动系统"设计方案是对大型架梁起重机变频器变频调速控制方式进行优化设计的结果。

涡流制动器制动力矩受转速影响极大，也就是在转速方面颇具个性。绕线电机在转速方面特性较软。两者同轴安装，绕线电机在转速方面迁就于涡流制动器，没太大问题。变频电机则不然，正好在转速方面也颇具个性。涡流制动器和变频电机同轴安装，两者难以相互迁就，协调不好，就有可能导致设备损坏。但是，如果能利用两者在转速方面都颇具个性特点，根据重载下放时位能对速度的影响情况和吊装作业对下放速度的要求，随时协调好两者工作状态，避免强强对抗，形成强强携手来按指定要求控制下放速度，则不仅能有效防止"溜钩"，并有极好的速度调整性能。

从理论上分析有可能实现，但由于涉及的参数很多，并且关系复杂，如何实现也是一个难题。技术难题的解决必然促进技术的进步，也正是由于科学技术的快速发展，新技术不断涌现，得以出现更多解决难题的手段。通过计算机控制技术的应用，成功解决了这一难题。

由于没有先例，"变频调速—涡流制动系统"设计方案最初提出时曾受到不少质疑。但也得到一些专家的认同与支持。长航电机厂一位老总工在了解了控制原理后，称方法"绝妙"，其后在订造变频电机—涡流制动器组时提供了大力支持。而首次应用"变频调速—涡流制动系统"控制技术设计的400t架梁起重机的东海大桥架梁施工，也证实了这一技术优良的控制特性及安全可靠性。

2007年，采用"变频调速—涡流制动"控制技术，同时吊装过程采用"三吊点双闭环"起吊控制模式的JQJ700t架桥机完成设计制造。

同年，耸立于天兴洲大桥两个主塔墩上的4台JQJ700t架桥机经过各项严格的测试、试验，顺利通过验收，投入架梁施工。

2008年1月7日上午11时，武汉天兴州大桥2号主塔墩，JQJ700t架桥机轻舒"猿臂"，将重650t的大桥整节段钢桁梁缓缓吊起，提升至高空与桥面顺利地实现了拼装对接。顿时，现场的欢呼声和照相机的"咔嚓"声相互交织。早已等候在现场的湖北日报、长江日报、楚天都市报等多家新闻媒体用镜头记录下了这一在天兴洲大桥建设中有特殊意义的时刻。2008年大年初四晚，《新闻联播》对武汉天兴洲大桥钢桁梁顺利吊装进行了专题报道。至此，又一项填补国内空白的自主创新产品JQJ700t架桥机诞生了。

装备在线

铁路客运专线桥梁建设的新宠
——ZQM900移动模架造桥机

■ 文/孙笑萍 徐丹 康萍

2005年以来，随着甬台温、温福等客运专线项目的开工，32m/24m简支双线箱梁重量达到了近900t，全线高架桥占了相当大的比重，且考虑到梁场征地难等问题，推出新型适应高速铁路建设的造桥机成为急需解决的问题——ZQM900型下承式移动模架造桥机应运而生。事实证明，ZQM900造桥机便捷的纵横移技术、支腿自移技术、液压内模分段技术、墩旁托架技术，以及施工周期仅为10～12天／跨，成功地解决了温福线铁路PC箱梁的架设难题。

提起移动模架造桥机，还必须先从我国的造桥工法历史说起。在20世纪90年代之前，架设桥梁，一般使用的都是满堂支架法，即用密密麻麻的脚手架支撑模板浇注混凝土梁，工作繁琐，耗资也较大。现今，陆上架设桥梁主要有两种方法：一种是预制梁整体架设法，即先将混凝土梁在梁场预制好，再通过运梁设备运至架桥机处架设，即所谓的提、运、架一体；另一种方法即逐孔现浇法，可以说是"满堂支架法"的机械版，即使用带有模板的造桥机在桥墩上现场浇注的方法。国内最早于1990年

引进国外造桥设备使用于厦门高集海峡公路大桥,而铁路桥梁建设一直到1999年8月中国第一条客运专线铁路——秦沈线开工才开始试研制国产铁路桥梁造桥机。武桥重工承接了这一任务,在不到一年时间里,研制出了我国铁路桥梁架设史上第一台造桥机——ZQM800(MZ32)移动模架造桥机,并于2000年10月于小凌河桥31号和30号墩处试浇注第一片混凝土梁体,取得了成功。但由于当时条件不成熟,此后铁路造桥并没有大量推广运用800型造桥机。真正意义上铁路造桥机时代的来临是几年后出现的改进型——以ZQM900移动模架造桥机为代表的新一代造桥机。

先进的模架自移功能

ZQM900造桥机具有先进的整机纵移、横移技术。在浇注一片梁时,造桥机首先安装在待浇梁的两个桥墩上,由固定在桥墩上的两对墩旁托架支撑整个造桥机。整个造桥机由主梁系统、内外模系统和墩旁托架等部分组成。主梁由钢箱梁、前后导梁、横联组成,用于支承内模、外模系统和PC梁体重量,安装在支撑台车上,而支撑台车安装在墩旁托架的滑行轨道上。内外模在浇注模板时使用,由底模、侧模和可调撑杆、螺旋顶组成,而整个造桥机由墩旁托架支撑。

浇注一片梁后,人工拆卸一对托架,由地面设备安装到前方桥墩的墩旁托架,造桥机脱模后落在墩旁托架上。通过松开横向连接系后,就可以拆开底模、横联和对接部位,再启动支承台车横移油缸,整个模架横移成两组,满足了纵移的条件。最后启动支承台车纵移油缸,两组模架缓缓向前方桥墩移位,模架顺利纵移至新一跨桥位,待检查后再准备下一个制梁施工流程。在整机的移动中,顺序拆卸一对托架,通过液压系统巧妙地将造桥机推入滑行轨道,便捷地实现造桥机的纵横移动。

支腿自移功能

ZQM900造桥机的墩旁支腿托架系统具有自移至下一施工桥墩的功能。

以往造桥机在此桥墩施工完后,须人工拆卸支腿,再通过人工安装到下一桥墩施工,操作复杂,费工费时。ZQM900型造桥机有前后两对支腿,每对支腿由固定在桥墩上的墩旁托架和架在上面的支撑台车组成。在混凝土梁浇注好后,脱落的模架整体落在支撑台车上,通过前、中、后扁担吊挂模架,模架自重转至桥面,松开墩旁托架与墩身的连接,启动横移油缸将墩旁托架从墩身预留孔中抽出。最后安装反钩轮,反钩轮钩住主梁外侧轨道,用卷扬机牵引支腿向前方桥墩移位并安装。前支腿自移过墩完成,按上述步骤,再将后一对支腿自移过墩并安装,两对支腿顺利完成自移安装,大大提高了施工效率和进度。

墩高的突破——
适应从低墩到高墩的变化

ZQM900造桥机在墩旁托架的设计中采用了单元化设计。低墩到高墩应用只需将连接梁与张拉梁互换、接长立柱与三角撑杆互换,可适用于不同墩高的铁路桥,改变了以往造桥机主要架设低墩的局面,扩大了造桥机的使用范围。当墩身高度大于20m以上时,选择墩旁托架插入墩身预留孔支撑;墩身高度在20~7.5m之间时,选择墩旁托架下部加支撑至承台;当桥墩高度小于7.5m时,根据用户要求,采用低墩墩旁托架及支撑。

先进的液压内模分段式系统——
五模五车

ZQM900造桥机内模车模板采用了根据梁形分段的模式。内模按梁形分成直线段、变截面段及端段,各单元段均采用大块拼装式模板,内模车沿梁长方向布置五节内模小车,分段脱模,整体出模。下侧模还兼有压浆板的作用。内模张开及收缩全部采用液压系统控制,避免了800型造桥机每次脱模安模时须人工拆卸拼装顶模和上侧模之间的销轴连接。因此,内模车具有拼装容易、操作方便、省时、省工、省力、安全等特点,消除了人工拆除、搬运模板困难及不安全的隐患,达到了提高制梁速度、改善劳动强度及提高机械化程度的目的。

同时,ZQM900造桥机可适应不同曲率半径、不同坡度的桥梁施工;既能用于建预应力混凝土简支梁,又可建连续梁,并可按需要改为浇注跨度不等多跨连续的桥梁。

ZQM900移动模架造桥机目前已成功用于中铁大桥局集团温福客运专线混凝土箱梁的施工中,武桥重工制造的6台移动模架造桥机已制梁200余片,受到好评。经力学验算及专家技术论证和评审,该造桥机总体结构新颖、外形美观、重心低、稳定性好、适应性强、运行安全可靠,机械化、自动化程度较高,目前处于国内领先水平(铁道部科技司鉴定语)。此后在温福、武广等客运专线,武桥重工承接了30余台ZQM900移动模架造桥机的制造任务,交付使用后受到用户的一致好评。实践表明,移动模架造桥技术是一种安全、优质、快捷、低价建造混凝土梁的先进实用技术,较好地解决了中等跨度范围内混凝土梁的架设问题,为我国铁路桥梁的建设开辟了一条新路,具有广阔的发展应用前景。■

"雪浪号" 400吨全回转起重船

文/王俊丰 徐丹 康萍

400t全回转起重船正在进行全回转试吊

400t全回转起重船是目前国内用于桥梁施工中起重能力最大的全回转起重设备。

由于通航净空低，该船的适用范围不仅包括我国沿海海域、长江A、B级航区，还适用于其它非桥梁施工的水工作业。它在桥梁施工中的主要作业包括桥梁基础围堰施工、钢护筒插打、水上施工平台吊装、平台设备吊装、钢筋笼安插、桥梁构件安装架设等。船用起重机的使用，极大地降低了桥梁施工难度、缩短了桥梁施工周期、降低了成本，同时它还可以从事港口货物的起重运输，具有广阔的使用空间。

该起重机安装在船体上，主要由回转体（包括吊钩、吊臂、变幅机构、三角架、上转台、回转支撑滚轮）、非回转体（固定支撑结构）、电气系统和液压系统组成。起重机主要参数如下：

起重机船艏最大起重量为400t，最大起重力矩为120000kN·m；全回转时最大起重量为350t，最大起重力矩为108500kN·m，主钩最大起升高度为65m，副钩最大起升高度可达77m。

巧妙合理的结构设计

对于大中型海上起重设备，设计时首先要考虑的就是结构的合理性。对于"雪浪号"来讲，由于起重机起重能力大，且为海上全回转作业，受力复杂，利用常规结构模式和计算模式根本不能满足设计要求。针对这一难题，在学习借鉴国内外先进技术的基础上，设计人员在结构模式和计算模式两个方面作出了突破。在结构模式方面，他们在上转台和固定支撑两个构件上作了创新。

首先，在传统上转台的结构模式基础上增加了两片桁架。这种结构模式具有三个优点：一是抬高了三角架，从而减小了三角架的受力；二是增加了纵向主梁的刚度，便于回转支撑滚轮受力均化；三是使受力更明确，传载更直接，便于上转台结构的设计及计算；最后，设计人员独创性地设计了一种新型的固定支撑结构——销齿圈，销齿圈上层轨道承受垂直载荷，下层轨道承受倾覆载荷，回转销孔承受回转切向载荷，中部圆形结构承受水平载荷，外部圈形结构将以上结构联结成一个整体，将所有载荷传递至船体。在这种情况下，各构件受力更明确，可轻易验算其强度、刚度及稳定性，大大简化了计算难度，并降低了成本。在计算模式方面，采用了先进的有限元计算法，该算法主要有两个优点：①起重机作业时，起吊物品自身重力通过吊钩、吊臂、变幅机构和三角架传递至上转台，再通过上转台传递至回转支撑滚轮和固定支撑结构等构件，可以说，上转台相当于人体的主躯干，其结构刚度的分布将直接影响回转支撑滚轮的承载。目前，在受力复杂、结构模式复杂的情况下，利用传统的计算方法无法准确计算由于刚度影响而造成的承载变化，而在有限元法设计的过程中，我们仅需调整上转台纵横主梁刚度的比例，其余分析可由计算机软件自动执行和控制。计算证明，当纵横主梁刚度比约为1：4时，支撑滚轮受力可充分均化，最大受力为1350kN，小于设计许可值1500kN，满足设计要求；②有限元法可以进行最优化设计，主要有以下作用：a) 通过减少零件制造时所需的材料，降低了制造成本和运输成本；b) 降低了结构应力，增加了结构强度；c) 优化设计的过程可由计算机软件自动执行和控制，不再依赖大量的人工结构分析，减少了产品设计过程中不断重复设计所耗的时间，大大缩短了产品开发时间。

"聪明的大脑"——
先进的集中控制系统

400t起重船作业时，起重量、起重幅度、起升高度等数据对起重机的正常作业、安全至关重要。400t起重船中设置了一个类似于"大脑"的机构，处理操作指令、监控现场的工作状态，这就是BML—M（总线结构主控－现地单元控制）电气集中控制系统。该系统是设计人员针对一些大型非标工程机械设备控制要求而专门开发的标准化组套件。新研制开发的集中系统由高性能工业计算机作为集中信号处理中心，配置以力矩限制器等专门设计的监控软件、设备，通过彩色屏幕直观显示实时全面的作业状态参数。在操作中，主站与各个现地控制单元通过双向CAN控制总线，传送现场的工作状态和各项操作指令。总线通信将分散的控制对象集中在一个网络控制通信系统下，现地控制单元以增强型单片机为核心，进行智能化数据采样，在起重机作业过程中执行监控和安全保护。

另外，对于重要的危险极限状态，如吊钩的下限位和变幅角度的限位、柴油机和液压回路等一些主要参数，还可以通过现场PLC（可编程控制器）进行双重监控，在必要时可以不通过集中控制系统，无条件直接执行保护动作，更有助于起重机的安全。该系统为武桥重工自主研发的一项技术，具有完全自主的知识产权，它不仅有完善的控制功能和监视功能，同时操作简单，适用于国内各类起重机配置。

通航高度低——
低净空满足内河不同建桥需求

与当时国内外其它同类型船用起重机相比，"雪浪号"最大的一个特点就是它的通航高度低，结构紧凑。修建大胜关大桥之初，由于内河桥梁高度限制，国内外同类型吊重达400t、力矩120000kN·m规格的船用吊船通航净空高，无法进入长江内河作业，"雪浪号"起重船因而成为同等级类型全回转起重机在内河桥梁施工作业"第一船"。

为了降低400t起重船最低通航高度，在船体艏部设置了吊臂搁架，运输时将起重机吊臂放在船艏的专用支架上，此时起重机的最大高度距水面23.81m，有效地降低了起重机的通航高度，完全满足大部分内河的通航要求。

高超的制作工艺

400t起重船的制作是一项庞大而艰巨的工程，特别是作为关键部位的吊臂回转支承。由于400t起重船起重能力大，仅起重机构就有1300余吨，设计理念要求低净空，质量轻。因此，起重臂采用了钢管桁架结构，并采用D420低合金高强度结构钢焊接而成，以保证起重臂强度高、重量轻，而主肢材料和腹杆材料均为无缝钢管，在吊臂体积及长度较大的条件下有效地控制了吊臂的质量。

回转机构亦是全回转起重船的重要装置，其回转支承是设计的关键技术难点之一。设计人员制作回转支承时采用圆锥滚柱支承，仅滚道中径为ϕ13m，而且支承滚道采用美国高强度的耐磨钢，滚道表面淬火处理，如此复杂高难度的加工在国内也只有少数几家顶级公司可以加工。圆锥滚柱采用锻钢制造，表面淬火处理，同时，为保证大直径回转支承的加工和安装精度，回转支承底座及回转支承上、下滚道均采用特别设计制造的专用加工设备整体拼装加工完成，如此新颖可靠的设计工艺，得到了大桥局专家的肯定，为起重船赢得声誉。

400t全回转起重船自2007年10月研制成功并交付客户使用以来，以其新颖的形式、紧凑的结构、合理的布局、优良的性能赢得了用户的高度好评，特别是作为开创同等类型内河全回转变幅的第一起重船，创造了很好的经济效益和社会效益，具有广阔的市场前景。

装备在线

大起吊高度提梁机助力桥梁施工
——MG500型提梁机

文/任继新 徐 丹 康 萍

　　MG500型提梁机是根据新广州站铁路梁场的特点和使用要求、专门为铁路客运专线制梁场设计的提梁设备。该提梁机最大可起吊34m，为国内同类型提梁机之最。考虑到不同梁场的使用需要，MG500型提梁机可通过调节提梁机主梁的分段长度、支腿分段长度以及新制部分接头分段来实现提梁机的变跨和变高。它采用箱梁形式，支腿为一刚一柔结构，大车重载走行，通过小车移动实现箱梁横移。其走行机构采用变频技术，整机则采用PLC控制，大车走行和小车走行均采用单轨走行方案。

安全起吊——3吊点起吊与3点承载方式

　　起升高度越高越需注意起吊的安全性。目前，国内铁路梁场轮轨式提梁机的起吊高度一般在15～20m，而MG500型提梁机在新广州站梁场的起升高度达到34m。

传统的提梁机吊装工艺采用在梁的两端各设一个吊点的双吊点作业方式，对于质量在200t以下的轻中型梁（例如用于高速公路桥梁的T形梁、工字梁等均质对称梁）是适宜的，但对于质量在200t以上的中重型梁（此类梁不仅体积大，而且有一些是非对称梁），操作中就容易造成梁的空中姿态不正确（所谓梁体空中姿态不正确是指梁体长宽高三方向与空间直角坐标系各轴不平行或不可依据桥墩参数调整）、就位困难以及梁的吊装应力超大等一系列问题，甚至造成吊装中梁体损坏的严重后果。每台MG500提梁机的起重小车上有2套主起升机构，每套主起升机构对应一个吊点。因此，为了确保混凝土箱梁起吊的安全性和吊点受力的均衡性，在起吊时，两台MG500型提梁机同时使用，其中一台提梁机的两套主起升机构采用两根钢丝绳，形成一个平衡吊点；而另一台提梁机的两套主起升机构采用两根钢丝绳，形成两个平衡吊点，使整机四点起吊形成三个吊点。例如，梁左端吊点设立均衡滑轮，两个吊点合成为一个吊点，梁右端吊点独立构成两吊点，这样整个梁体共形成三点吊。

由于三点确定一个平面，在作业中该起吊方式能避免箱梁在吊装过程中的扭转，对箱梁起到了最佳保护作用，而且它有效地解决了梁体就位精度问题，是目前重型梁吊装的最佳方案。

为了保证在吊重时门机同侧支腿的结构受力均衡，MG500型提梁机采取一侧刚性支腿，一侧柔性支腿的设计方案。同时，通过在柔性支腿顶部采用球铰结构，与主梁连接形成球铰连接，从而实现提梁机结构的三点承载。由于箱形结构的主梁与支腿间不能像桁架结构一样互相穿插，设计人员在柔腿顶端处设计了一个复杂的马鞍形支座，主梁与支座焊接或螺栓连接，通过支座与柔腿铰接。此方案使得主梁与柔性腿之间在空间三个方向均可相对转动，可有效地补偿相应的结构变位，减缓主梁和支腿因变位而产生的内力。

同步控制——无线遥控技术

在客运专线梁场中，根据需求，两台MG500型轮轨式提梁机联合作业，共同提起一片870t重的混凝土梁。在两台提梁机共同作业时，同步操作至关重要，因此，针对这一要求，MG500型提梁机增加了无线遥控功能。该装置为一控二模式，即两台门式起重机上各有一台遥控接收器，因此，当地面操作人员持有一台遥控发射器工作时，工作人员可分别或同时控制两台门式起重机，实现同步操作。并可通过控制起重机主电源的开关及大小车走行，实现两台提梁机纵向运行时的同步操作，或实现两台提梁机的提梁小车横向运行、提梁和落梁时的同步操作。

变跨和变高

提梁机的起升高度和跨度是根据不同梁场的布局和架梁要求所决定的。在设计MG500型提梁机时，采用分段长度的主梁和支腿，根据不同需要拼装，各分段之间制作接头，从而实现变跨和变高。通过这种方式，一台提梁机可以适用于不同规格要求的梁场。在新广州站使用的34m吊高、33m跨度的门机，只需简单的变跨变高处理，就可以适应哈大线36m跨的要求。

大车金属结构由两片主梁、刚性支腿、柔性支腿、上横梁和下横梁等组成，变跨时，可将提梁机主梁预先设置成标准分段长度，分段之间采用螺栓连接。安装提梁机时，拆除其标准分段，即可实现提梁机36～20m的变跨。

同样，变高时，提梁机的刚性支腿和柔性支腿也预先设置了标准节分段。分段之间采用螺栓连接，需要时，采用标准分段和新增刚腿或柔腿的部分接头段，就可实现提梁机从16～34m范围内的变高。

精确走行操作——全变频技术

为了实现安全易操作的起重控制模式，整机电气系统通过变频器实现了全变频驱动控制，分别应用于大车走行驱动、小车走行驱动和起升系统驱动。在大车走行驱动中，通过分别安装在本侧和对侧的两台变频器驱动每一侧的4台电机，并将其速度初步设定为20%、50%、100%的额定速度（可根据现场情况调整）。在小车走行驱动中，通过一台较小功率的变频器可完成对小车4台走行电机的驱动。在起升系统中，有4套卷筒组，分别由4台变频电机驱动，这4台变频电机再分别由4台变频器驱动。变频器均采用矢量开环控制方式，对于具有位能性负载的工况，通过起重功能模式，在变频器接收到传感器发出的制动打开信号后，通过数字端输出控制信号，实现时序制动功能。

该变频技术具有4个优点：①在起重版功能模式下，可直接以终端的数字输出作为制动控制信号，实现制动器时序制动功能。以往不采用变频器控制时，启动电流和机械冲击很大，在时序配合不好的情况下还会产生溜钩现象，起升和下放的速度也无法精确控制。②具备高起动力矩、快速响应的特点，可在几毫秒内从零增加到全负荷转矩。在正确选型的情况下，能够可靠地提供最高达250%的电机转矩。③可完成速度的精确控制和安全制动。④变频调速的特性和直流电机相同，载荷下降时，不会出现溜钩现象。

总之，MG500型提梁机采用全变频技术，具有调速范围宽、调速精度高、起制动平稳、可实现无级调速的优点，完全满足整机的软启动、软停车、无冲击、平滑调速功能，有效降低了系统的能耗及机械的维护成本，延长机械的使用寿命。

"智能大脑"——PLC系统

MG500型提梁机的中枢控制系统采用西门子S7-300系列可编程控制器，该控制器替代传统的继电器控制。其中，PLC是整个调速系统的核心，负责对系统所有输入、输出控制信号进行运算和控制，通过主站与从站的树突式结构，实现对操作指令的处理和状态的监管。同时，PLC具备强大的故障诊断和判断功能，能够准确地监控系统运行，并负责与触摸屏的通信。PLC还负责处理各种输入输出信号，输入信号包括：主令控制器信号、各变频器故障及制动信号、各限位开关信号、安全保护信号（如超载信号和大风报警信号）和遥控信号。输出信号包括：变频器控制端子信号、各制动信号、报警信号及电缆卷筒动作信号。

MG500型提梁机作为铁路客运专线高墩梁提升和装卸的专用施工设备，与同类型提梁机相比起升高度大，两台MG500型提梁机联合抬吊作业，可进行铁路客运专线20m、24m和32m跨预制双线整孔预应力箱形混凝土梁的提升和装卸施工。该型提梁机投入使用以来，得到了用户的好评，此后又衍生出许多相关机型，为我国客运专线建设作出了贡献。■

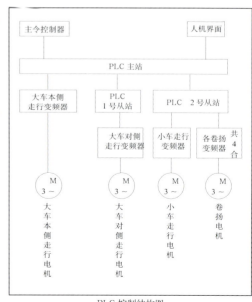

PLC控制结构图

锐不可当 钻孔专家
——KTY4000型钻机

文/康 萍 徐 丹

作为武广铁路客运专线的一项控制性工程，武汉第二座公铁两用长江大桥——武汉天兴洲长江大桥全面建成，并于2009年6月正式通车。支撑该大桥高标准、高质量、高效率建设的背后，是一批专为天兴洲大桥研制的高、精、尖设备，在这些设备中就包括国内最大钻孔直径的KTY4000型钻机。

诞生始末

武汉天兴洲公铁两用长江大桥是四线铁路、六车道公路、主跨504m的世界级桥梁。其主桁宽度30m，承受荷载20000t，是目前为止世界上同类桥梁中主跨最大、桥面最宽、荷载最重的大桥。为保证大桥的宽度和大桥的承载力，天兴洲大桥必须采用3.4m直径的大孔径钻孔桩。

业内人士都知道，对于大型桥梁、深水港口、高层建筑等基础工程进行大口径钻孔桩的施工，普遍采用的是动力头钻机。动力头钻机是一种建筑基础施工设备，它采用动力头旋转驱动钻具，使用压缩空气或泵吸反循环的排渣方式，具有加压或减压自动进给系统。但以前的动力头钻机扭矩为200kN·m、钻孔直径为3m，无法达到扭矩300kN·m、钻孔3.4m直径的要求。

2003年11月，天兴洲大桥施工方与武桥重工签订了《300kN·m动力头钻机研制合同》。随即，武桥重工成立了专门研制该项设备的科研组，在研发人员的努力下，2004年6月，最大扭矩300kN·m、钻孔直径4m、钻孔深度130m的KTY4000型钻机通过了专家评审。专家的鉴定语为：采用的多项关键技术完善了动力头功能，提升了钻机的技术性能，技术指标已达到国际同类型钻机先进水平。这标志着国内最大钻孔直径的KTY4000型钻机研制成功了。

基本原理

KTY4000型钻机主要由动力头、滑移横梁、钻机结构、钻具、驾驶室、液压系统、电气控制系统等组成。

动力头具有承受钻具重量、安装钻杆装拆机构、为钻进提供动力和输送压缩空气排渣等作用，是该型钻机的核心部件。它由两台高速液压马达驱动，通过两台行星减速机及一级闭式齿轮传动将动力传递给钻具系统。工作平稳可靠，使用寿命长，可实现无级调速和过载自动保护。

滑移横梁能沿钻架轨道上下滑移，滑移动力及支承由两个250/180-3200液压缸完成。为方便排气，液压缸的顶部设有排气孔。

钻机结构主要包括钻架、底盘及封口盘。钻架为门形结构，其与底盘间用2－φ120mm轴和2－φ70mm拉杆连接，在松开拉杆螺母后，在2个180/125-1355油缸驱动下，钻架可后仰0～40°。底盘外形为矩形结构，下平面设置调平起顶点，配两台手动50t千斤顶用于底盘调平。封口盘为油缸支顶开合式，其驱动由4个110/63-790油缸完成，能调整不同的开口以卡住钻杆、异径接头或重型钻杆。

钻具系统主要由钻杆、钻杆稳定器、风包钻杆、异径接头、重型钻杆、1.5m钻杆、风包、钻头稳定器等组成。

液压站独立设置，液压站与主机之间用快速接头相连。液压站动力选用3台90kW电动机和1台11kW辅助电动机驱动。

技术保障

KTY4000型钻机作为国内同类型最大钻孔能力的钻机，研究人员在KTY3000A型动力头钻机的基础上，不但对KTY4000型动力头钻机进行了优化设计，还采用了很多创新技术。

KTY4000型钻机关键部件——动力头。动力头具有传递扭矩、连接提升钻具、通压缩空气、排除钻渣等多种功能，设计中选用了减速机马达和花键连接。考虑使用寿命和方便维修，增加了耐磨套，改进了密封设计。中心管上设置承重轴承和防跳轴承，用以提高运动精度和运转的平稳性。压缩空气通过配气环进入钻具的风道，钻渣则由中心管内的衬管排出。

钻架后仰0～40°，让出孔位，方便钻头装拆。封口盘设计考虑了不同直径钻具（φ530－φ1200mm）夹持的需要。动力头可实现45°旋转，以便于安装和拆卸钻杆，减轻工人的劳动强度。

钻具系统构造新颖、实用。由于KTY4000型钻机的扭矩有了很大提高，如再选用单壁结构，将使钻杆通径加大而引起压缩空气风量加大，因此钻杆采用双壁结构。重型钻杆利用双壁结构灌铅作为配重使用，简化了配重构造。同时采用进口弹性销传递扭矩，抗扭转力强双壁钻杆外层钢管为φ530×22mm材质Q390C，抗扭能力强。

电气系统采用了先进的软起动装置，使3台电动机按顺序分步起动运行，减少了电动机起动过程对电网的冲击。

液压系统主回油回路上增装了背压阀，保证主机主动作即动力头转动和提升的动力液压元件始终充满液压油，避免空气进入导致爬行。

钻具焊接采用了远红外局部加热、远红外局部退火消除应力新工艺，从而保证了钻具的焊接质量。设计了专用吊具，方便起吊钻具。配备了悬臂吊机、风动扳手，用于接换钻杆，大大提高了劳动效率，降低工人劳动强度。针对运输特点，钻机底盘、钻架设计为可拆分式，以方便运输。同时考虑施工特点，设计了主机整体起吊吊点，方便钻机移位。

自动控制方面，设计人员还采用了具有自主知识产权的专利技术——液压控制的恒压自动钻进技术，使钻孔作业效率高，成孔质量好。液压系统选用优质的进口液控变量泵，扩大了动力头调速范围，提高了整机的工作可靠性。液压站独立设置，便于安装和运输。

KTY4000钻机为天兴洲大桥的顺利建成立下了汗马功劳，在具有6线铁路的南京大胜关长江大桥的建设中也发挥了作用。■

高铁架梁领头羊
——SPJ/32型900吨上导梁架桥机

■ 文/曾晶莹 徐丹 康萍

自我国第一条铁路客运专线——秦沈线于2003年投入运营以来,中国铁路便进入了跨越式的大发展阶段,这也带动了中国铁路建设装备的大发展。铁路客运专线中60%以上都是高架桥,因此,选择高效便捷的架桥机械便成了加快工期、提高工程质量的关键一环。

在1999年开工的秦沈客运专线中,普遍使用的是下导梁架桥机,但在架桥过程中,遇到大跨度的连续梁或者架设钢混梁时,下导梁架桥机无法整孔跨越,架设需要整机拆卸跨孔,费时又费工,因此,怎样高效地架设预制梁成了当务之急。2004年初,铁道部科技司邀集三家有关设计、施工、制造的团队研制新型的900t架桥机,以满足京津客运专线的需求。经过10个月的攻关,这一问题终于解决。2007年8月30日,中央电视台"东方时空"栏目播出了一期名为《钢铁巨龙连京津》的节目,只见SPJ/32型900t上导梁架桥机轻盈地提起

重达 900t 的预制梁，两组运梁小车吊着巨型混凝土梁，移到落梁位，精确平稳地将预制梁放到墩台上，一个新的架桥方法由此诞生。

SPJ900/32 箱梁架桥机推出之后，同先前的下导梁相比，可以通过连续梁，并可整体悬臂过孔，无繁琐的作业程序，稳定性好，安全可靠。而且该架桥机以铁路既有器材"八七型铁路抢修钢梁"做主梁，拼装方便，结构变化灵活，对工程环境具有较强的适应能力，在京津城际铁路中连续使用了 4 台，得到业主中铁十七局好评。

与传统下导梁架桥机相比，该架桥机具有以下主要技术特点：

四点起吊三点平衡的起升系统

SPJ900 架桥机前后起重小车一台两个吊点，架梁时箱梁设有四个吊点，吊梁时为了保证四点受力均衡，该架机采用四点起吊三点平衡的起升系统，从而解决了这个问题。

四点起吊三点平衡的原理是，SPJ900/32 箱梁架桥机上有两个起重小车，每个起重小车上有两套主起升机构，分别对应两个吊点。为了确保架桥机在起吊、喂梁、架梁等过程的安全性和吊点受力均衡性，将 1 号起重小车的两套主起升机构采用一根钢丝绳，形成一个平衡吊点；2 号起重小车的两套主起升机构采用两根钢丝绳，形成两个平衡吊点，使整机四点起吊形成三个吊点。三点确定一个稳定的起吊面，通过设立均衡滑轮，使其中两个吊点"合并"为一个吊点。由于三点确立一个平面，在作业中该起吊方式能避免箱梁在吊装过程中的扭转，对混凝土箱梁起到最佳的保护作用，有效解决了混凝土落梁的精度等问题。

架桥机控制的核心——PLC 控制技术

由于架桥机控制点比较分散，起重机采用现地控制－集中管理模式。作为 SPJ900/32 箱梁架桥机的控制核心，其电气控制系统主要包括主机行走控制、桁车行走控制、桁车起重控制、桁车液压设备电气控制、（中、前）支腿液压设备电气控制、集中信号处理及作业照明等部分。各控制点之间通过通信总线方式连接。由人机界面、PLC、现场下位机、接口电路及外围装置构成的集中控制系统，对作业过程进行自动控制及全面的安全保护。

电气控制系统采用三台可编程控制器（PLC）来实现，分别安装在驾驶室及各个桁车上，各个 PLC 之间采用 MODBUS 通信方式进行连接，从而极大地降低了现场施工难度。PLC 是整个控制系统的核心，负责对作业过程各种状态检测信号和输出控制信号（包括同步调整信号及安全保护信号）进行集中控制管理。同时 PLC 具备强大的故障诊断及判断功能，能够准确可靠地监控系统运行状况。PLC 配合人机界面，将实际工况实时直观地展示在架桥机操作人员面前，供操作人员参考。桁车上的视频监视系统分别对 1、2 号桁车主卷扬机组进行监视。

中、前支腿液压站和电动葫芦控制电气设备的控制独立于起重机集中控制系统，现场操作。

变频＋涡流制动符合控制方式

由于在整个架梁工作中以下放工况为主，整个重载下放过程持续 30 多分钟，此时异步电动机处于再生发电状态。变频器逆变器中的 6 个回馈二极管将传动机构的机械势能转换成电能回馈到中间的直流回路，并引起储能电容两端电压升高。若不采取必要措施，当中间直流回路电容升到保护极限后，变频器将过电压跳闸。桁车起重机构

采用4台变频电机,每台电机自带相应规格的涡流制动器,分别由一台45kW变频器驱动。变频器控制模式与主机走行采用的方式类似,根据本机实际情况,采用变频+涡流制动复合控制方式。该方式主要通过调整变频器－电机－涡流制动器动态制动性能来实现,具有运行稳定、价格低廉、维护方便、响应速度快等特点。由于作业过程中调整需要,每个卷扬机可单独控制。

作业过程的自动控制及安全限位保护

为了设备安全运行,在SPJ900/32箱梁架桥机上设置了多处限位,以保障架桥机的安全运行。

前、后桁车停车极限限位:该限位位于架梁机主机架前后两端,当桁车行走触及该限位时,桁车停止行走运行,发出警示信号,桁车可向非危险方向行走。

桁车间极限限位:该限位位于两组桁车上,当桁车间行走过近时,桁车触及该限位,两组桁车停止行走,发出警示信号,桁车可向非危险方向行走。

起重超高限位:该限位位于两组桁车滑轮组下方,桁车吊具触及该限位,吊具起升动作停止,防止吊具继续起升冲撞桁车滑轮组,发出警示信号,桁车吊具可进行下放动作。

吊具横移由于采用单缸双向液压传动,行程固定,无限位。起升机构双制动及卷筒超速制动。架桥机的起升机构采用双制动,在传动机构的高速轴端和低速端分别设置制动器,并且每次在制动器动作时,低速端比高速轴端延迟2秒钟(时间可调),以减少对高速轴端的机械冲击。当发生事故致使卷筒下降速度超过设定值时,低速端制动器自动制动,并将卷扬机电源断开。

便捷高效的"浮运"和自动纠偏功能

SPJ900/32拼装式架桥机安装方便,能够采取"浮运"的方式,使架桥机到达指定的地方架设混凝土箱梁。采用"浮运"的条件是要制造两个驮梁将架桥机放置在运梁车上。通过梁场的提梁机在梁场将架桥机整体拼装,运用运梁车载运拼装好的架桥机到指定的地方架梁。通过"浮运"的办法来拼装架桥机,满足了特殊情况下的使用条件,为客户节约成本缩短工期。在架梁过程中,因桁车跨度较大(16.1m),桁车在纵向走行时可能出现啃轨现象,因此,设计人员加设了自动纠偏装置,可使桁车在运行时出现啃轨现象时自动纠偏。

SPJ900/32拼装式架桥机的架梁适用范围广,能够架设32m、24m、20m变跨双线箱梁,满足首跨梁和末跨梁的施工。同时能够在不需要其他机具配合的情况下过连续梁,过连续梁的办法简单可靠:将1号和2号起重小车开到离后车8m处,打开前支腿的翻转油缸,同时启动中车和后车的走行系统,这样就可以过连续梁。

SPJ900/32箱梁架桥机在客运专线箱梁架设中起到了重要的作用。在后来的京津城际、哈大线建设中也可看到它的身影,它曾在京津城际中创造了当时国内最高架梁纪录——一天5片梁。自2004年第一台上导梁架桥机研制成功以来得到了中铁十七局等许多业主的好评。随着工艺工法的进步,科研机构也在对该型架桥机的走行控制技术等方面不断改进,使之日臻完善。相信在今后国家新一轮高铁建设的大潮中,它也会发挥作用。■

"三航风范号"起重船

2400吨双臂架变幅式起重船

文/徐 丹 康 萍

2009年10月14日，亚洲同类型最大起吊高度的多功能海上起重船——"三航风范号"（2400t双臂架变幅式起重船）在上海试吊圆满成功。

这是设计单位继小天鹅、天一号之后成功打造的亚洲同类型最大吊高的双臂式起重船。全船起重机、移船绞车等设备采用了先进的变频控制系统，并拥有先进的信息监控系统，目前主要用于洋山港东海大桥区域国内最大单机容量3兆瓦电力发电机海上整机安装。今后，它将主要用于跨海桥梁和大型构件的安装。

"三航风范号"为2400t起重船，总长96m，型宽40.5m，型深7.8m，设计吃水4.3m，吊臂长120m，吊高达88m，是目前国内同类起重船中高度最高的起重船。

主起重系统单臂架额定起重量1200t，双臂架额定起重量2×1200t；每座臂架配置600t主钩2只，150t副钩1只，主、副钩呈纵向直线布置；主钩最大起升高度88m，副钩最大起升高度110m；每座单臂架配置一组双联变幅卷扬机、两组双联主钩卷扬机、一组双联副钩卷扬机、两台索具钩卷扬机和两台稳索绞车；起重和变幅均采用交流变频电动机驱动，并具有同步调平控制。

该起重机主要由吊臂、人字架、主钩起升机构、副钩起升机构、索具钩起升机构、稳索绞车、变幅机构、电气系统及安全装置组成。在该船中，采用了很多新技术，主要表现在有限元算法、变频调试技术、信息监控和安全装置等方面。

结构设计的圭臬——
有限元算法

作为亚洲最高起吊高度的起重船，"三航风范号"的吊臂也是亚洲最长的——单个长130m、重达727t。起吊重量大，加之海上风横浪涌，架梁时工况复杂，因此，若要确保万无一失，受力分析便是关键。在分析吊臂受力时，用传统经典计算方法难以准确反映结构受力，业主要求起重机结构设计除满足额定载荷起吊外，还必须满足中国船级社对起重机可能遭遇的严峻海况条件，即托航工况要求。

2400t结构采用有限元计算，通过该计算软件建立了整机模型，对各个受力工况进行了受力分析，并对整机进行了优化设计。

采用有限元算法的益处是：在制造合同以及不忽略可能引起局部破坏等细节的条件下，采用有限元方法解决了在合同条件最为危险的典型工况下起重结构的应力分布这一问题。计算软件采用MSC/PATRAN、MSC/NASTRAN（用于有限元建模、计算）和挪威船级社（DNV）开发的SESAM（根据中国船级社2007年版《船舶与海上设施起重设备规范》第3.2.11.2节要求，可接受通过使用公认的软件，按可能遭遇的最严重海况，进行船舶耐波性分析和准静力分析方法，求得船舶运动载荷，采用SESAM进行船舶运动预报，以计算船舶运动载荷）。基本的计算则采用准静态方法，即通过水动力分析软件，预报船舶在作业海域的最严重海况下的加速度，将加速度影响以惯性载荷的方式施加到吊臂上，同时考虑其他各种载荷。根据计算分析结果，提出有利于安全使用的建议。

精确控制——
先进的变频调试技术

在大型吊机起吊中，精度的控制一直是个难题，尤其涉及同步起吊时，难度更大。目前，传统的设计精度起吊，调速是一个重要指标。一般在吊机调速时，普遍采用的是液压驱动调速。在陆地上，还有一种精确的控制方法，那就是变频调速，但在大型浮吊上，这项技术用得较少。2400t起重船研制时，克服了多项困难，运用了先进的变频调速起吊。在控制吊速精度时，通过改变电流的频率，达到了精确控制的目的。控制精度提高后，大大节省了时间和物力的投入。

相对于液压技术，变频技术有许多优点：

◆ 机械掣动控制

当变频器接收到起动命令后，在收到转矩验证成功且没有停止命令时，经过设置的掣动抱闸松开延时时间，变频器输出掣动开启信号，制动器松开，反馈的掣动确认信号正常开启，变频器升高输出频率至设定值。当变频器接收到停止命令后，先电气掣动，当速度降为零后，变频器撤去机械掣动开启信号，机械掣动器抱紧电机轴。

◆ 转矩验证

在松开机械掣动器、开始提升传动之前，应先确认电机能够产生转矩。如果转矩验证成功，则表示电机的输出转矩达到了要求，此时才能允许机械掣动器松开，开始启动程序。通过以上方式可以实现抱闸顺序控制，有效地防止了"溜钩"

的发生，为安全作业提供了保障，也减轻了掣动器的磨损。

◆ 机构的启动、掣动、加速、减速等过程更加平稳快速，定位更加准确，减少了负载波动，安全性大幅提高。

◆ 电动机运行的开关器件实现了无触点化，具有半永久性的寿命。

◆ 由于电动机启动电流限制得较小，因此频繁启动和停止时电动机热耗减少，延长了寿命。

万无一失的保障——
信息监控和安全装置

一项机械产品，在很大程度上而言，安全性甚至比性能更重要。如此大起重量的起重船，保证万无一失的起吊要求的重要性是不言而喻的。成千上万的信号、指令、运行时相对参数（如电流、速度、高度）以及各个部件的运行情况等等，所有这些信息在起重运行时都需要进行实时监控，而这一切，都是通过人机界面与PLC（可编程控制器）连接实现——各种反馈信息通过PLC传递至驾驶室人机界面，从而实现全程监控。人机界面可谓一个全面信息反馈器，当发生故障时，显示器就会有故障窗口弹出，提示故障名称、性质、位置以及故障发生时间。在人机界面里，维修人员可以查看最近的故障历史记录，作出更合理的维护。当运行至报警阶段，会有报警窗口弹出，提醒驾驶员注意。同时，它还有自动检测连锁功能，当驾驶员误操作或有不允许的操作存在时，连锁功能会启动，从而避免误操作。

与此同时，2400t双臂架变幅式起重船还设计了各项安全限制机制，做到层层"把关"。力矩限制器：它限制起重机向危险方向运动的趋势，当负载达到额定负载的90%时，预警启动；当负载达到或大于额定负载量的102%时，声光报警，自动限制了起重机向危险方向（吊钩上升、变幅降）继续动作，以防止超负载作业。变幅角度限制器：它会在吊臂达到最大角度68.3°或最小角度18°时限动。主钩起升卷扬机、副钩起升卷扬机和变幅卷扬机安装棘轮、棘爪停止器：它们可以防止重物和吊臂非正常下落。互锁装置：在卷扬机棘轮脱开状态下，方可进行卷扬下放工作，但当同一机构电动机工作时，任一电动机发生故障，控制系统通过互锁装置都将立即采取保护措施，停止该机构所有电动机运行，故障修复后方可进行正常工作。

此外，电气保护还包括零位保护、急停开关、失电保护、超速保护、失速保护、过电压保护、欠电压保护、过电流保护、缺相保护等。

2400t双臂架变幅式起重船在上海试吊圆满成功后，得到了相关专家和业主的好评。它在我国海上桥梁施工、风力发电等大型施工项目中都会发挥作用。

装备在线

"海威951号"打桩船
——95米打桩船

■ 文/王俊丰 朱代炼 康 萍

"海威951号"是专为港珠澳大桥建设而打造的桩架高95m的打桩船，主要由船体、桩架、打桩设备、支撑装置、变幅油缸、起升设备及控制系统组成。其中桩架为整条打桩船的核心部分，其主结构为后三角形桁架形式。该船长74m，宽52m，桩架高95m，为目前国内最高的桩架。它一次插打的桩长为82m，船上配备125型和180型两种打桩锤，可以插打1.0～2.5m桩径的方、圆形钢桩和混凝土桩，并且能满足-18.5°仰桩和+18.5°俯桩的打桩要求。

创新点——
直接进行空中180°翻转的新工艺

作为"海威951号"打桩船核心部分的桩架,总长约90m,其主截面为圆管组成的三棱锥体形桁架结构。根据船体及桩架位置架设,传统的打桩船桩架制作主要采用倒三角形形状,即三棱锥体的底面也就是桩架的前侧朝上,以便于吊装一步到位。但这种制作方法需要设置大量的支撑架以保持桩架的平稳,造成了材料的浪费,并且由于主要结构均位于空中,高达15m,使得大部分的工作为高空作业。施工单位在进行桩架制作时,看到现场有两台400t门机,便设想改变传统制作方法,能否将三棱锥体倒过来,即三棱锥体的底面朝下?经过科学严谨论证,通过找准重心和平衡点,利用两台400t门机可以直接进行空中180°翻转,这样一来,不但使得大部分的工作成为了地面作业,而且省去了支撑架,仅此一项便可以节约成本100多万元。

多功能——
集打桩和吊装于一体

传统打桩船功能单一,只用于打桩,其本身所携带的起升装置只用于打桩锤的吊装,荷载不到100t,并且最大工作幅度只有10m。为满足设备多功能的需要,在克服因吊装载重所需要的船体主结构设计加强的难题后,设计人员在桩架上增加3台起升装置,使得"海威951号"打桩船集打桩和吊装于一体,除了可以打出大口径深桩外,还可以进行吊装,并且一次最大抬吊重量200t,最大工作幅度达33m。打桩结束后,还可以充当起重船的功用,进行一般吨位的架梁,使得该打桩船功能性和利用率大大加强。

三变幅——
低净空满足通航需求

如何解决大吨位打桩船在内河的通航问题一直是设计者关注的难题。对于传统的打桩船,其支撑装置多为固定式棱台型桁架结构,桩架在支撑装置顶部放置后,无法进行第三次倒架,而且桩架经两次倒架后,变幅油缸已基本缩至最短,无法继续倒架。"海威951号"打桩船按照传统的设计进行两次倒架后,桩架顶端距水面高度约为42.8m,此高度只能在海上拖航运输,无法进入内河,不能满足内河通航运输的需求。为了解决95m打桩船进入内河作业的需求,设计人员专门设计了一种新型的移动式门字形支撑装置,可带动桩架进行第三次倒架,使船体整体高度控制在26m以下。

这种新型的移动门字形桁架结构,由2个固定支架、1个活动托架及2个变幅油缸组成。在前两次变幅中,主要通过桩架下部2个前支铰与船体2个前铰座铰接。在进行第三次变幅中,通过变幅油缸的伸缩,桩架后支铰与船体后铰座重合并进行固定铰接,此时桩架载荷将由桩架后支铰和船体后铰座承受,桩架前支铰和船体前铰座将处于卸载状态,可拆除前铰点的销轴。然后拆除活动托架与固定托架的联结销轴,活动托架在支顶油缸的伸缩作用下沿着固定支架轨道下滑位移,从而带动桩架沿着后铰点旋转下放,下放到位后,再将活动托架固定在支架上,便完成了第三次变幅。此时船体整体高度为25.8m,达到了进入内河的需求。

GPS——
高精度控制桩位

水中打桩,水流速度和水深对桩位的精确性是一种考验。传统打桩船在进行打桩时,主要通过附近陆地运用定位仪进行测量,在综合水文条件下进行打桩,精确度和效率都很低,而且由于是目测,晚上无法进行工作。"海威951号"打桩船针对以往的缺陷,采用新科技,引入GPS导航系统对每一根桩进行精确控制定位,并且可以插打18.5°斜桩,桩基施工俯仰度创国内最大。

"海威951号"打桩船自2009年10月20日从江苏靖江船厂出厂以来,已前往靖江恒德通用码头并已成功打响第一锤。港珠澳大桥开工后,它正式移往中国南海为港澳珠大桥的建设服务。■

"海威951"打桩船

装备在线

正在过首孔的 ZQM1700 移动模架造桥机

造桥多面手
——ZQM1700 移动模架造桥机

■ 文/柯长军 朱代炼 康萍

早在1987年建设我国第一座跨海峡大桥——厦门大桥的时候，我国从国外引进了第一台移动模架造桥机。由于移模造桥机在深沟峡谷、江海、狭窄地段等恶劣的施工现场具有很大的优势，在陆地和浅水等地段同样可以方便快捷地完成施工，并具有施工周期短、效益高的特点而逐渐得到推广。而 ZQM1700 移动模架造桥机是我国在结合国外移模造桥机的优点上，专为上海崇启长江公路大桥现浇连续预应力箱梁工程施工而设计制造的桥梁施工装备，它不仅可以实现连续现浇 50m 跨度梁，并且一次浇注最大箱梁重量达 1700t。

适用范围广——可适用于多种桥型

随着桥型设计的多样化，移模造桥机对于桥型的适用度是其最为关键的考核尺码，而这主要体现在模板设计和模架支承系统设计上。在模板设计方面，由于每种梁型的端头侧模板都不一样，需要设计很多变截面模板，因此将梁型设计成弧形，使其侧模可调，底模加宽。在主梁横联支承点上安装有螺旋千斤顶，用于支承底模板，并可根据桥型，通过千斤顶调节底模高程和预拱度，可调节范围为 0～220mm。底模分为 16 个节段，靠近墩身的 3 个节段长度设计为 1500mm，中间 11 段和悬臂 2 段设计为标准模板，每段 4000mm。根据梁型，其余梁底成型面可现场选用其他异型模具。侧模分为 16 个节段，设计有 3m 段、3.5m 段、4m 段和 3m 异型段，可根据桥梁曲线半径选择恰当的侧模安装。在模架支承系统设计上，托架支撑有 200mm、300mm、500mm 及 1000mm 四种规格，可满足所有墩高施工。

液压控制——
先进的模架自移功能

ZQM1700移动模架造桥机通过支承台车，可顺利实现模架整体脱模、横向及纵向移位功能。该造桥机共设计有6套支承台车，每套支承台车包括台车架、支座、摇摆滑架、两个横移滑靴、纵移滑靴、油缸连接座等，并配两个横移液压油缸和一个纵移液压油缸。

台车架支撑在墩旁托架的不锈钢滑道上，通过横移液压油缸，使支承台车在墩旁托架上沿桥横向滑动，实现横向移位。而模架横移液压油缸安装在支承台车架上，活塞杆与横移滑靴相连，可利用油缸来完成支承台车在墩旁托架上的横向移动；台车架上部设有纵移轨道，轨道上安装有华龙MGE滑板，便于主梁纵向移动；台车架中间设有纵移油缸支座，利用安装在支承台车架上的模架纵移液压油缸，实现模架的纵向移动。在纵移过程中采取自动倒销装置，自动向前推进，纵移2m处停止。在弯道工况下，解除支承台车与墩旁托架的横移约束，在纵移过程中通过主梁轨道与支承台车间的间隙，调整主梁的角度。同时利用模架支承系统轨道来调整模架在纵移过程的角度，防止主梁与台车滑道卡死。

纵移到位后，启动支承台车，使之横移，使两组模架向内横移合拢，连接底模及横梁的中部连接螺栓，解除顶升油缸与支撑台车的连接，开始下一步制梁，方便快捷。

合理设计——
实现效益最优化

造桥机的自重是造桥机成本控制的一个重要因素。为减轻造桥机自身重量，设计人员将以往的焊接工制梁改为桁架式梁，将造桥机导梁变截面设计成梯形，而非传统的四方形。移模架造桥机的自重随着跨度的增加而增加，其经济跨度为30~50m。因此，设计人员结合崇启大桥的设计特点，将造桥机的最大跨度设计为50m，实现了效益的最优化。

在浇注后续的施工梁段，由于后支点距混凝土梁的接缝处有10m，导致混凝土梁的接缝处易产生错台或裂缝。ZQM1700移模造桥机可将后支点前移8m，通过承重扁担梁，将后支点转移到已浇注的梁面上。同时预先考虑了在制首孔梁时悬臂段的预拱度，从而有效地解决了混凝土箱梁的错台和裂缝问题，避免了重复施工和材料浪费，保证了经济效益。

标准作业——
安全高效操作简单

ZQM1700移动模架造桥机采取逐孔现浇的施工方法，为标准化作业。该造桥机的模架整体自移功能，节省了大量人力，提高了劳动效率。重复熟练的工序，使得施工周期快，质量好，平均浇注一片梁的时间为18天，其中造桥机模架过孔时间仅为一天。由于该造桥机提供了足够的施工平面，减少了空间重叠，因此不但可以满足桥下通航、通车的正常进行，而且对桥下状况没有要求。其特殊的结构特点，可以通过设置防雨、防寒、防晒的顶棚围护措施，保证施工期间不受天气影响。多跨度连续梁施工逐孔现浇时，梁体整体性能好，几何尺寸易于调整，梁体结构更趋合理。

为方便操作和加强安全防护，在支承台、墩旁托架、前后导梁、外侧模板模顶面均设有梯子平台。此外，对造桥机作业、行走状态也设有安全措施，四个主顶油缸设有液压锁和机械锁，以保证造桥机制梁安全；设有大风报警仪，当风速达到15m/s时会自动报警。

ZQM1700移动模架桥机适用于多跨度等截面连续混凝土箱梁的施工，特别是对桥位下无条件支撑的施工状况，具有施工速度快，质量易于掌握等特点，对建设我国西部地区、沿海跨海峡等环境恶劣地区的高速公路提供有力的技术支持，具有良好的发展应用前景。

脱模横移时的ZQM1700移动模架造桥机

装备在线

"机械壁虎"
——可爬坡式检查车

文/朱代炼 康 萍

正在安装的东平水道桥检查车

东平水道桥作为武广客运专线的控制性工程，不仅在建造方面有着很高的要求，其日常的维护尤为重要。由于其超大跨度钢桁拱设计，一般桥梁检查中小车无法在拱上进行检查，针对东平水道桥钢桁拱的特点，设计单位研发了可爬坡式桥梁检查小车。

该车根据桥梁结构形式，采用PLC控制，通过变频电机驱动和液压爬行装置对大桥上拱弦节点、联结系等桥面以上构件进行维护、检修，确保大桥满足武广客运专线高速通行要求。

国内首创——可爬坡式检查车

以往，工作人员在检查拱弦时采用的是汽车吊或是人工直接爬到拱上，危险且不科学，而可爬坡式桥梁检查小车通过液压油缸驱动和电机驱动，使其可以自动爬坡移动。该检查车的爬坡装置由液压油缸和插销装置组成，整车在斜坡走行时由两组爬行机构完成。爬行时先靠油缸上插销装置上的销轴，插入轨道上的定位孔，从而使整机夹紧轨道，然后打开另一端支腿上夹紧装置上的插销装置，再由油缸推拉前进。爬行采用有线操作方式，操作人员可操纵放置在平台上的总控柜，控制走行机构工作。

当坡度大于3°时，该检查小车由行走状态转换为爬行状态。其爬行可分为手动控制方式和自动控制方式。手动控制时，一液压油缸伸长到最长长度，然后将插销装置销轴通过人力插入定位孔内，再将油缸收缩一段距离，使另一插销装置处于不工作状态。随后收缩油缸，整个爬行机构便进行上坡爬行，当油缸完全收缩后，操作另一爬行装置，通过人力使插销装置处于可工作状态，再通过人力使此销轴松开，使之处于不工作状态。之后，再将此油缸伸长为最长状态，控制对应的插销装置，通过人力插销使其处于工作状态；再控制另一爬行装置，通过人力拔销，使之处于不工作状态，最后收缩此油缸。如此反复，便可进行不断爬坡。选择自动控制时，根据操作控制面板提示，按下按钮，油缸开始伸长，伸至最长后，自动收缩，缩至最短后，又自动伸长，如此循环。

可遥控的吊篮

工作人员以吊篮为工作平台，进行检修钢梁工作。为确保吊篮的平稳性，吊篮由两台固联的双电动葫芦驱动组成。双电动葫芦对吊篮形成双吊点起吊，即每台电动葫芦对应吊篮一个吊点。吊篮的额定起重量1t，起吊高度30m，电动葫芦起升电机和运行电机功率分别为1.5kW和0.4kW，用于电动葫芦以及起升卷扬的操作控制。本机采用有线和无线两种操作方式。通常情况下，吊篮中执行检修作业的工作人员可以方便地对电动葫芦进行无线操控；发电机安装平台上的工作人员也可以通过总控柜，对电动葫芦进行有线操控。这两种操作方式以无线操作方式优先，有线操作方式为辅助。通过纵横位移，可以更全面地检查桥梁各种参数。

全方位的安全防护

整机的安全保护包括防高压静电保护、吊篮稳定性保护、停车制动保护和防碰撞保护等。该检查小车的吊篮底部设置了防电板，防止高压静电。为防止某一电动葫芦发生故障而引发事故，吊篮上设置有安全装置，使吊篮不致侧倾。此外，两固联的电动葫芦各自吊点上还分别设置有两个电磁铁吸块，当下放到一定高度处，工作人员可以手动控制吸块，使之与周边钢梁牢固地吸附，吊篮的钢丝绳受吸块套环约束，从而有效地控制了吊篮的稳定性。整车设置了反钩装置，对处于高位作业的检查车进行防倾覆保护。此外，本检查车还设置了限位装置和防碰撞装置，限位装置可以使整车及时断电，实现紧急时刻自动保护；设置防碰撞装置，形成二次保护。

同时，本车采用PLC控制系统，具备强大的故障诊断和判断功能，能够准确可靠地监控系统运行。监控系统由PLC和显示屏组成友好的人机界面，用图形和文字实时显示各机构工作状态和故障。

随着我国桥梁建设的发展，对桥梁的维护日益受到更多的关注，桥梁检查小车作为桥梁检测的必需装备也日益受到关注。各种桥型尤其是在拱桥方面更是层出不穷，各种高连拱、异形拱的出现使得上弦拱的检查显得尤为突出，作为国内首批上拱弦可爬坡式的检查小车其市场前途不可限量。

东平水道桥完工全景

架桥机从尾部架梁情况

打出环保牌 赢得经济分
——JQJ200节段拼装式架桥机

文/朱代炼 康萍

早在2006年,广州市轨道交通4号线黄阁至冲尾区间高架桥建设时,我国从欧洲引进首台节段拼装式架桥机。由于其工厂化制梁及现场拼装的特点不仅保证了工程质量,而且具有环保建桥、经济效益明显的特点。正因如此,节段拼装式架桥机得到了大桥设计者和建桥者的偏爱。

继杭州湾大桥之后的又一座横跨杭州湾的大桥——绍嘉大桥刚好处在钱塘江尖山河段(江海交汇处),建设条件极其特殊。由于江道宽浅、潮强流急、含沙量大等原因,使得河床冲淤变化剧烈,且该河段河床为粉质沙土,极易冲刷,实测最大流速达6.65m/s以上(杭州湾跨海大桥最大水流速度不超过5m/s),涨退潮潮差可达9m,大型工程船舶无法在此固定作业,并且由于航道通行的需要,桥梁跨度设计为70m跨。这使得现场灌注法包括脚手架法、悬臂灌注法、逐孔现浇法及预制安装中的预制梁整孔安装法均无法进行。此时预制节段式块件拼装法便走进专家的视线,JQJ200节段拼装式架桥机应运而生。

多功能架梁

JQJ200节段拼装式架桥机是由主桁结构、支承结构及起重天车三大部件构成,整机由电液组合驱动,其工作原理是将整跨箱梁分为多个预制节段,通过架桥机连续拼装,继而张拉形成整跨。其最大起重量为200t,最大悬挂重量为1500t,为国内同类型最大悬挂量。

一般架桥机,出于其施工方法考虑,架梁方式较为单一,而JQJ200节段拼装式架桥机在设计时,考虑到现场架梁环境的特殊性，在架梁方式上也进行了多样设计。除了能进行70m跨度箱梁节段悬拼预应力混凝土梁段架设，也可通过改变主梁拼装方法完成小边跨预制整跨桥梁的吊装架设，此外，该架桥机除提供从尾部桥面喂梁的接口外，还提供桥面上和桥下两种喂梁方式。多功能的架梁方式确保大桥建设多桥段、多工况建设的需要。

360°旋转梁

由于受后支腿宽度限制，梁块在由架桥机尾部起吊并运往头部时，梁块只能纵向吊起移动，而在进行桥面铺设的时候，又必须将梁块进行横放。为此特意在吊具上设置转向连接座和回转吊耳，通过线控使梁块实现360°回转。

同时根据桥梁的纵坡和横坡要求，在吊具上设有横调油缸及纵调油缸。利用液压油缸的伸缩对节段梁块进行调整，以保证节段梁的匹配端面与已装节段的端面相互平行，保护好节段梁的剪力键，其横纵坡调整范围均为±4%。通过安装在吊具上的纵向、横向调整油缸，可方便地调整梁块的三维空间几何位置，便于对桥梁的线形进行调整及控制。

全自动位移

该架桥机的纵横位移由一前一后两中支腿完成。

中支腿主梁箱形结构的上盖板作为整机横移的滑动轨道，轨道上面铺设有3mm不锈钢滑板，与旋转台下部的聚四氟乙烯板接触。中支腿横移机构位于左右两个旋转台中间，左右两个旋转台通过两片桁架相连，确保左右旋转台同步横移。步履横移油缸一端连接在其中一个下部旋转台上，一端连在步履滑移座上，步履滑移座在中支腿主梁轨道上滑移并通过4个$\phi 45$的销轴固定。左右旋转台带动上部结构通过油缸的步履伸缩，以及滑移座的插拔销来实现整机的横向移动，从而满足桥面有一定曲线情况下的施工要求，以及横移过幅。

中支腿纵移机构位于主桁下弦轨道正中的带孔槽钢滑道平面内，其工作原理是利用纵移车上的两个$\phi 60$销子在主桁槽钢滑道上来回插拔来实现整个架桥机的前进。纵移油缸的前方配有纵移车，后方安装在中支腿主桁支撑上，纵移车在纵移过程中，通过油缸的伸缩驱动主桁架前进和后退，而纵移车能够随着油缸沿主桁槽钢滑道来回移动，可以方便插拔两个销子，完成对主桁纵向的移位。

除了能进行纵横移动外，该架桥机还可通过中支腿来完成垂直调整。在该机中支腿主梁箱形梁内，装有顶升油缸与螺旋千斤顶，构成了中支腿顶升装置。其中螺旋千斤顶位于顶升油缸的内侧，整个架桥机调整高度是利用了顶升油缸与螺旋千斤顶配合使用。当架桥机需要调整高度时启动支顶油缸调节整机高度尺寸，调整到位后旋紧螺旋千斤顶，既实现了整机高度方向的调整，又确保了万一油缸发生泄漏时，整机也能在螺旋千斤顶作用下保持支撑。

全方位安全防护

由于本身的高空作业，加上杭州湾处在风口地区，对该架桥机工作锚固和防风措施的安全防护显得尤为重要。

在锚固方面，主桁和前支腿的锚固是通过2根斜撑来实现的；前支腿和桥墩的锚固是通过12个M24的螺栓将桥墩侧面的托架和前支腿立柱下的球座联结来实现的；主桁与桥墩锚固主要通过$\phi 32$精轧螺纹钢，每个中支腿梁横联处焊接4个锚固座，然后用4根$\phi 32$的精轧螺纹钢插入墩顶预埋的吊点孔内，将锚固座与墩顶块用螺母锁死，使得中支腿主梁与成桥之间连接成一个整体；中支腿横向锚固通过8根$\phi 32$螺纹钢把主桁支撑与中支腿主梁连接，有效防止主桁架支撑的横向位移和翻转；中支腿纵向锚固采用前后中支腿上4个纵移车上的8根$\phi 60$的销子及4个安全固定座上的4根$\phi 60$的销子将中支腿与主桁固结，防止主桁纵向移位。

在防风方面，安装有大风报警及各种限位开关和紧急停止开关，有效地保证架桥机的"安全、高效"。在架桥机日常工作状态下（如整机过孔，过幅及节段安装时），由于通过各支腿与桥墩或墩顶混凝土梁块固定一起。同时各支腿均设有工作锚固，使得架桥机在风速小于20m/s时仍可进行节段梁块的吊装和悬拼施工，风速小于12m/s时仍可进行整机过孔及过幅。而架桥机的天车行走车轮内侧均装有电磁液压铁楔，当工作中突遇阵风需要紧急制动时，应立即停止起重工作（或放下重物）和行走，切断防风铁楔电源，停止起重机的全部作业。

当风速为22～30m/s时，架桥机应停止所有工作并检查通常的锚固系统是否全部就位，架桥机断电。当遇强台风(当风速为30～68m/s)时，除采取日常防风措施外，需对架桥机进行彻底锚固。前后中支腿应安置于墩顶箱底梁上并与之锚固，中支腿各旋转座均拉缆风与箱梁节段拉紧。纵向采用8根（每根约10m）$\phi 26$钢丝绳，通过8个KOOD36-P螺旋扣将中支腿梁与主桁拉紧、锁死。起重天车应回到中支腿处并与10t行车一起利用缆风将其与中支腿主梁固定。

环保经济

采用该架桥机施工，工厂化制梁，外形容易控制，通过节段线形控制，达到线形流畅，外形美观，既保证了工程质量，又很好地解决了施工对现场交通造成的影响，减少了木材、水等资源的消耗。同时也大大降低了噪声、扬尘等污染，符合现代环保建桥的需要。同时，制梁与基础施工同步进行，拼装速度快，有利于降低成本。∎

国内桥梁隔震产品应用的发展

■ 文/盛朝晖 朱代炼 康 萍

地震是人类面临的最严重的自然灾害之一。地震中因桥梁的毁坏而造成的交通阻断会直接或间接地造成人员伤亡和财产损失。我国最近两年发生的汶川地震和青海玉树地震中，都一再显示了桥梁破坏的严重后果，因此，要减轻地震灾害就必须要求桥梁结构具有良好的抗震性能。即使到了人类能够正确监测、预报地震的年代，桥梁结构抗震设防仍然具有不可替代的作用。经过长期抗御地震灾害的实践，国际社会普遍认识到抗震防灾是实现可持续发展的重要环节，应着力寻求能够有效减轻地震灾害的新技术。

桥梁隔震产品应用的发展历史

自1973年以来，新西兰有48座公路桥和1座铁路桥采用了隔震技术，其中4座用抗震系统加固来提高抗震性能。意大利也是世界上较早在桥梁上应用隔震技术的国家。从1974年以来，隔震技术渗透到意大利的传统桥梁建造中，至今，意大利已建成150多座隔震桥梁。美国第一次将隔震技术用在桥梁上是在1984年，用于对Sierra Point Bridge进行抗震加固。动力分析表明，在0.6g（水平加速度）的强大设计地震动力作用下，该桥将会遭到严重破坏。解决方法是用隔震支座产品替代原有的刚性球铰支座。据计算，该桥在设计地震动力大小的地震发生时和刚发生后都能继续使用。美国第一座采用隔震技术新建的隔震桥梁是Sexton桥。目前美国已有100多座桥采用了隔震技术，其中包括对既有桥梁的加固。在日本，第一座建成的隔震桥梁是静冈县横跨Keta河的宫川大桥，完成于1991年，为（32.85 + 39.0 + 32.85）m三跨连续钢桁架桥。该桥没有采用隔震技术时，计算的顺桥向的基本周期为0.3s，而经过隔震设计的桥梁在第一水准地震作用下顺桥向的基本周期为0.8s，在水准二地震作用下基本周期为1s。阪神地震后，采用隔震技术的桥梁日益增多。

大部分建成的隔震桥梁都处于地震高烈度区，但隔震技术也用于一些低烈度地区的桥梁，如美国的Dog River Bridge等。

桥梁隔震支座在我国是从1965年开始研究并投入应用的。1995年，铁道部科学研究院铁道建筑研究所对桥梁隔震产品进行研究，并已取得一定成就。目前在我国的连接澳门与珠海的澳凼第三大桥、厦门同安湾大桥、汕头海湾二桥、南京跨线桥等均已应用了隔震产品。

国内外桥梁领域成熟的减隔震支座产品

世界上常见的减隔震支座可以分为整体型和分离型两类。而分离型减隔震支座通常由可产生较大水平位移的普通橡胶支座和某种形式的阻尼器组合而成的结构。主要品种有：

整体型减隔震支座，包括：铅芯橡胶隔震支座；
　　　　　　　　　　　　高阻尼橡胶支座；
　　　　　　　　　　　　性体减隔震支座；
分离型减隔震支座，包括：橡胶支座＋钢质阻尼器；
　　　　　　　　　　　　橡胶支座＋摩擦阻尼器；
　　　　　　　　　　　　橡胶支座＋黏性阻尼器；
　　　　　　　　　　　　橡胶支座＋铅挤压阻尼器。

通过多年的发展和总结，其中铅芯橡胶隔震支座的设计、制造、检验及在桥梁领域的应用等技术已较成熟，并出台了相关国家标准。

铅芯橡胶隔震支座

华中科技大学成功研制出我国第一个橡胶隔震支座之后，武汉臣基工程科技公司与华中科技大学合作，又联合推出效能更为优越的铅芯橡胶隔震支座。橡胶隔震支座是在一般橡胶支座的基础上，在其中心或周围压入一根或多根可以吸收耗散能量的铅销组合而成的一种减震支座。铅销橡胶隔震支座具有加载时消耗与金属的变形功大于卸载时金属放出的变形功，所以在交变荷载作用下有一部分变形功为铅销所吸收，然后又转化成热能耗散到大气中，从而达到吸收耗散振动能量的目的。使用铅作为销子的金属铅在经过冷变形后，可在常温下再结晶。因此，在荷载反复作用下，铅销橡胶隔震支座可以保持它的性能。从对铅销橡胶隔震支座和普通橡胶隔震支座试验得出的滞回曲线可以看出，普通橡胶隔震支座的吸收耗散振动能量的作用要小很多。

铅芯橡胶隔震支座的主要特点有：有较大的竖向刚度；有较小的水平刚度（是其竖向刚度的千分之一）；能产生较大的水平位移；阻尼较大。

铅芯橡胶隔震支座（以圆形为例）的主要结构形式如图1：

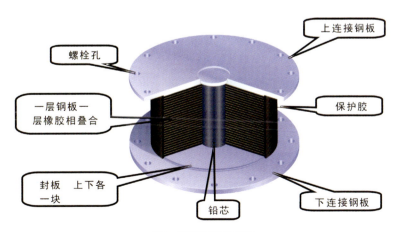

图1　铅芯橡胶隔震支座

桥梁隔震原理

传统桥梁结构是将一联桥中的一个或两个墩固接，其他的墩下放置盆式支座以适应热膨胀变形。主要是通过增加桥梁结构、构件自身的强度、延性、耗能能力来抗震。

桥梁结构隔震是在桥墩墩顶和主梁之间设置橡胶隔震支座，隔离水平地震能量向上部主梁结构的输入，达到降低全桥水平地震作用的目的。对于墩高较小、结构刚性较大的桥梁结构，主要是通过以下两种方式来实现：一是增加结构的柔性以延长结构的自振周期；二是增加结构阻尼。图2为结构的加速度与位移反应谱，当把结构自振周期由 T_0 延长到 T_1 时，有效地减小结构的地震加速度反应，结构的位移反应略有增大。而增加结构的阻尼，既能减小结构的加速度反应，也使结构的位移反应得到明显的抑制。因此，延长桥梁结构周期，给予适当的阻尼可使结构的加速度反应大大的减弱。同时，让结构的大位移主要由梁体底部与墩、台顶部之间的隔震系统提供，而不由结构自身的相对位移承担。梁体和墩、台在地震中分离振动，因此它们之间的动力相互作用被最小化。这样使得在强震作用下桥梁结构的能量耗散主要集中在隔震支座，其他部分保持在弹性范围内。这是一种全隔震系统（Full Isolation System），从而为桥梁结构的地震防护提供更加良好的安全保障。

桥梁结构在地震等外力作用下产生振动，采用隔震技术的目的就是将外界激振源的影响隔离或降低，从而减小作用在桥梁结构的地震作用或其他振动力。桥梁减隔震是通过引入隔震装置改变结构在地震中的动力响应，从而减小地震输入。基本目的是要大大减小传递到结构上的地震力和能量，其抗震能力是通过延长结构周期，增加耗能能力来实现。使地面地震运动的能量大部分不能通过隔震装置传至上部结构，小部分由隔震装置吸收耗散掉，上部结构所受的影响减小，从而保证桥梁结构在地震中的安全及正常使用。

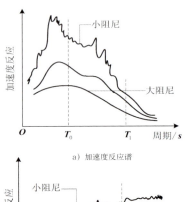

图2 加速度与位移反应谱
a）加速度反应谱
b）位移反应谱

桥梁隔震的优越性

新西兰 Rangtike 河上的 Te Teko 桥经受过一次大的地震考验，即1987年3月发生的6.37级，烈度9度，震中在大桥以北9km处的 Edgecumbe 地震。Te Teko 桥全长105m，宽11.4m，共5跨，全部上部结构支承在20个 ϕ508cm，高179mm的橡胶支座上，其中只有桥墩处的16个橡胶支座中加了铅芯。大桥南面11km处的强震加速度仪所得到的地面水平加速度峰值为0.33g，竖向加速度为0.23g。据推测，地震时 Te Teko 桥场地地震加速度在水平方向上可能超过0.4g。如此强烈的地面运动使距大桥仅几十米的一个学校和一个旅馆的房屋结构遭到严重破坏，然而该桥采用了隔震技术，大大降低上部结构产生的地震力，从而减轻了震害。

在1987年采用隔震技术加固的美国 Eel River Bridge，上部结构为简支钢桁架。在1992年4月25日加利福尼亚地震中，在 Cape Mendocino Station（距震中2.5英里）记录到最大加速度峰值为2g。该桥在这次地震中的抗震性能表现很好，震后完全复位。

Te Teko 桥和 Eel River Bridge 在地震中的良好表现，使人们对桥梁结构隔震更有了信心。

在1995年1月日本阪神大地震中，采用铅芯橡胶支座隔震的6座桥梁也均表现极佳，这进一步证明了隔震技术的优越性。

我国隔震技术的成熟和应用现状

经过几十年的发展，我国在桥梁隔震技术研究和试验工程上有了系统、全面的理论和实验研究成果，在全国各主要省市分布了200余幢近100万 m^2 的试验工程。并编制了隔震建筑的国家设计标准（《建筑抗震设计规范》（GB 50011-2001）第12章"隔震和消能减震设计"）和协会设计规程；编制了行业产品标准《建筑隔震橡胶支座》（JG 118-2000）；在国内形成了生产建筑隔震器件的新兴产业，市场有符合标准的产品供应；有认定的橡胶隔震支座检验检测单位和规范化的相关技术。

四川汶川地震重建工作已经全面展开，依据《建筑抗震设计规范》（GB 50011-2001）中规定，抗震设防烈度为6度及以上地区的建筑必须进行抗震设计。四川的抗震设防烈度等级为6～9度，也就是说现在四川震后的重建项目都要进行抗震设计。《桥梁隔震橡胶支座国家标准》（GB 20688.2-2006）《建筑隔震橡胶支座国家标准》（GB 20688.3-2006）等相关标准和各地应用实例，都可以说明隔震橡胶支座是目前桥梁、房屋等建筑减震的先进技术产品。此外，隔震橡胶支座已编入《国家建筑抗震设计规范》（GB 50011-2001）中，并广泛地应用于全国及世界，得到了国内外专家的充分肯定和高度评价。使用隔震体系的建筑能做到"小震不坏，中震不坏或轻度不坏，大震不丧失使用功能"，从而大大地减轻地震对建筑物的破坏程度，对震后的救灾也起到很大的作用，其潜在的经济效益和社会效益是十分可观的。隔震橡胶支座是四川震后重建中必不可少的减震技术产品，目前重庆的隔震工程已经展开。

在应用方面，随着地震灾害的频繁发生和对抗震救灾的重要性的提高，越来越多的桥梁已经使用隔震橡胶支座产品（见下表）。■

序号	桥 名	时 间
1	澳门西湾大桥	2004年4月
2	拉萨柳梧大桥	2005年5月
		2006年8月
		2006年4月
	拉萨柳梧大桥第Ⅱ合同段西藏天路项目部	2005年5月
		2005年12月
3	林芝八一第二大桥	2006年1月
4	新余北环东路	2005年5月
5	合肥当涂路大桥	2006年5月
6	泉州晋江大桥	2006年7月
7	厦门杏林大桥A合同段	2007年4月
	厦门杏林大桥B合同段	
8	广东莞深高速公路东江大桥第三标段	2007年4月
9	新疆赛果高速	2007年12月
10	唐山唐丰大桥	2008年7月
11	福州鼓山大桥	2008年8月

图3 国内部分应用隔震产品的桥梁
（由武汉臣基工程科技公司提供数据）

装备在线

开启同心金钥匙
——台湾大鹏桥开启设备

■ 文/胡启丽 朱代炼 康萍

台湾大鹏开启桥是两岸首次合作的项目，位于屏东县大鹏湾风景区出海口处，是该景区为打造国际观光景点，修建环湾景观道路的地标工程。该桥全长579m，桥梁造型采用单塔非对称单面复合式斜拉桥，由长155m的主桥、54m高的主桥桥塔和一段39.75m长的开启部分组成。其中开启部分是该桥最特殊的设计，为立转式钢结构变截面悬臂钢箱梁，由四台油缸支承机构操纵升降。主液压缸通过伸缩做俯仰角度调节，使开启部分绕桥体中部的固定铰链旋转，实现开启桥段的起落。

该桥为台湾地区首座开启桥，也是台湾与大陆首次进行合作的桥梁工程。由于该桥处于台湾地区著名风景区，作为台湾地区海上活动的重要场所，结合该景区特点，故设计为"风帆"状，造型前卫而又具海洋意象。为了不破坏当地海湾美丽的天际线，在设计时刻意将桥面"放低"，离海面只有17m；但又由于当地常有游艇及风帆船通过，为此特意设计成开启式活动桥。28m长的钢桥用油压系统撑起，2～4min左右即可抬高75°，通过单边掀起时形成的一条20m宽的水道可供游艇和帆船进出海域。

作为立转式开启桥，钢桥结构是和机械液压系统联系在一起的，采用绕固定轴旋转的方式开启。每一活动片左右各用一根枢轴贯穿，并固定在活动桥片中部下方箱形纵梁的腹板上，在枢轴的外侧配上一个平面球轴承，并将平面球轴承固定于铸钢制造的主轴承座上。最后主轴承座再用高强度螺栓和螺母固定在预先埋设在桥墩内的基础结构板上。

根据规范要求，必须保证两侧桥梁的连接轴处于同心。而这两个连接轴的直径就达到900mm，重量有3.5t，两轴的横向间距就有15m。按照传统的工艺流程待钢桥制作完成后再镗孔，而此工件重达74t，现场最大起重设备的起重能力只有50t，翻身、装夹、校正都很困难。为解决连接轴同心问题，技术工艺部门大胆进行工艺革新，在生产过程中采用了先孔法，即先制好孔，然后用轴装上定位、焊接。这样既保证了两轴孔同心，又免除了后孔法所需吊装、场地、设备等繁琐过程，大大简化了加工程序，保证了产品质量，还降低了制造成本。

该开启设备采用液压驱动系统，桥面由液压缸顶起，每个桥面设置两台液压泵提供液压动力。因此，液压系统状况的检测、控制逻辑的合理性以及控制系统的及时性、安全性是该桥的关键。针对该桥的运行需要，特意进行冗余系统设计。当市电正常时，可启动四台液压泵；停电时，开关ATS自动转换到紧急发电机系统，每个桥面只启动一个液压泵，进行紧急下放动作。对控制系统部分则采用不断电UPS，当市电停电时提供30min的电力供应，控制系统仍能正常运行，并发出指令启动紧急发电机，确保紧急状况下桥面能安全开启或者平放。

此外，电气控制可分操作台控制和机械室控制两种方式。正常状况下用操作台控制，通过人机界面和人眼观察桥面工作状况，桥面动作采用半自动模式；发生故障或设备维护时由机械室现场控制，桥面动作采用半自动或手动模式。

为增强大桥的安全性，除对液压系统采用冗余系统进行热备份外，还在设计过程中对整个液压系统进行电脑运行状态模拟，利用AMESim（高级工程系统模拟建模环境）对桥在正常、风力负载、最大风力顶住不动及一个油缸失效等4种不同操作状态中的液压控制运行进行电脑动态模拟，确保大桥在不可抗力因素下能安全运行。另外，还设计有平衡装置和对中装置，以确保大桥开启平放时能准确落在支座上，并在大桥的趾端纵向箱梁两侧下方分别装设电动伸缩式锁固机，以保证大桥在平放时的安全。

此外，由于酸性空气对开启桥的核心部分液压设备外漏部件油缸具有较强的腐蚀作用，为确保大桥的安全运行，对油缸的伸缩推杆进行ASTMG85酸性盐雾试验500小时检测，并对油缸的伸缩杆件采用镀陶瓷工艺，这种工艺在国内是很少用的。

该开启设备通过液压站电机——油泵组，将机械能转化成液压能，是该桥进行开启控制的"心脏"。油泵性能直接关系到启闭机的整机质量，为此对液压污染控制系统的保护显得尤为重要。

由于液压系统70%的故障来源于油液的不清洁，其中最主要的污染物为颗粒物、水、空气等。油液的颗粒物可造成元件堵塞与卡紧故障，导致动作失灵；空气中的水分进入油液，可加速油液性能劣化，缩短油液的使用寿命，直接影响液压系统的工作可靠性。设计时充分考虑了对污染物的清洁：

◆对颗粒物的清除，设计采用高精度回油滤油器，油箱为全封闭型结构；油箱及部分管道采用不锈钢材料。并严格控制开启桥液压系统的安装程序，对油箱、油管、阀件进行循环冲洗，并对液压油进行反复过滤，要求清洁度不低于NAS9级，以减少油液污染的隐患。

◆液压系统装有磁性分离器，可去除循环操作油中的金属粉末。

◆由于开启桥运行时油箱油位的上下波动，油箱内的空气需要排出或补进，为防止补气时空气中的水分进入油箱，泵站采用QLS型吸湿空气滤清器，具有防潮功能的空气滤清器。基本原理为阀件与干燥剂结合，使油箱既可方便空气的进出，又使进入油箱的水分降低。该空气滤清器技术先进，防潮性能可靠，且干燥剂可重复使用。

大桥从2004年开始规划设计，预计今年年底建成通车，届时将为台湾大鹏湾风景区新增一处景点。大桥将根据通航情况进行定时开启，以满足游客观赏需要。作为大陆与台湾首次进行合作的桥梁工程，其政治意义也非比寻常。该桥的建设也将在两岸同胞的心上架起一座沟通的桥。■

创新设计　大家风范
——重型变幅式船用起重机技术创新及应用

文／任继新　朱代炼　康　萍

图1　"三航风范号"2×1200t 双臂架变幅式船用起重机

自20世纪90年代以来，我国的桥梁建设者积极开展跨海桥梁建设的研究和谋划。未来公路桥梁建设的重要方向为"跨海"，而我国目前准备建设和规划建设的项目有跨越琼州海峡、港珠澳、渤海湾、台湾海峡等跨海通道。随着港珠澳、通沪、青岛跨海、厦门跨海等大桥的兴建，琼州海峡大桥的立项，以及渤海湾、台湾海峡等特大桥的规划，未来仅这些项目就需要大量施工设备用于主梁的运输和吊装。

根据行业统计，我国目前起重量超过千吨级的重型起重船仅10艘左右，巨大的市场前景促使桥梁装备企业纷纷转向重型起重船的研制。按其结构形式，重型船用起重机大致可以分为变幅式船用起重机和全回转式船用起重机两大类。由于重型变幅式起重船起重能力强、起升高度和作业幅度大，其造价约为同级别重型全回转起重船的1/3，施工成本优势特别明显，因而重型变幅式起重船成为水上大型工程施工的主要起重设备。

技术创新

重型变幅式船用起重机不仅适应复杂的水文气象条件，而且能满足大起重量和大吊高的起吊要求，进入内河施工的船用起重机还要满足24m通航限高的条件，所以起重机受力复杂，使用要求高，研制难度大。

1. 新材料和新软件的运用

在新材料的应用方面，吊臂主肢钢管和吊臂尾部钢板均采用新型材料WDB620，该材料强度高，低温冲击性能好，具有良好的焊接性能和抗疲劳性能，不仅可保证吊臂结构的焊缝质量和有效减轻吊臂结构自重，而且能很好地满足近海拖航工况下对吊臂结构材料的抗疲劳性能要求。

在新软件的使用方面，采用水动力分析软件预报船舶在作业海域最严重海况下的模拟实际工况加速度，根据模拟实际工况加速度进行吊臂和人字架结构的受力分析，实现理论计算时运动加速度的实际仿真。

2. 安全可靠的电气系统

电气系统采用具有世界先进水平的变频调控系统。采用闭环控制，实现单组或多组起升卷扬机的同步控制和变幅卷扬机的同步控制，实现安全保护系统数字化、可视化、集中化，确保船用起重机作业的安全。

3. 新工艺解决实际难题

采用新工艺，解决以下难题：使锻件轴达到中国船级社规定的-10℃温度下的冲击能量值；解决孔径为ϕ900mm、长3m的吊臂结构尾轴孔的现场镗孔难题；解决直径为ϕ900mm、重量为15t的超大轴制造与安装难题；解决长135m×宽23m×高13m，总重1000t的吊臂制造和安装难题。

结构创新

结构创新包括整机结构优化设计创新、机构优化设计创新、维护及保养的人性化设计创新。

1. 整机结构优化设计创新

整机结构建模，采用水动力分析软件预报的模拟实际工况加速度，针对各种实际作业海况和起重作业工况进行有限元整体受力分析，并结合主要节点的局部有限元分析、焊缝强度分析和焊缝抗疲劳性能分析，优化整机结构材料、节点设计和焊缝设计，满足近海拖航工况，处于国内同类船用起重机领先水平。近海拖航工况为该类船用起重机的控制工况，不仅要满足近海海况下船舶的横摇运动、纵摇运动和垂荡运动，而且要抵抗近海海况下55m/s的台风。此外，不仅满足各种工况的受力要求，而且有效减轻整机结构自重，降低整机成本。优化整机结构的截面设计和外观设计，使整机结构轻巧美观。

2. 机构优化设计创新

大起重量和大起升高度，要求卷扬机的容绳量大，所以卷扬机采用了国际知名品牌内藏式减速器和折线卷筒，不仅性能可靠，卷筒多层缠绕整齐，容绳量大，高速端和低速端双制动系统安全可靠，而且体积小，节省布置空间，优化整船布置。变幅动滑轮组与吊臂臂头合为一体，变幅定滑轮组与人字架顶部节点合为一体，不仅受力更加合理，而且有效减轻变幅机构的自重。将一根理论长度近万米的变幅钢丝绳优化设计成二根，不仅减少了钢丝绳的制造、运输与安装难度，降低产品成本，而且可实现空中更换变幅钢丝绳。

主起升定滑轮组采用双销绞结构，满足船用起重机纵横摇工况下的起重作业。

3. 维护及保养的人性化设计创新

整机采用集中润滑，解决了润滑点多且分散的润滑难题，定期润滑，确保滑轮轴承的正常工作。维护保养部位的检修通道安全、方便、美观和人性化，特别是臂头下部悬于高空并可转动的主起升定滑轮组，设置了软梯和固定检修平台，方便安全检修。

应用情况

为适应国家重点海洋工程和内河工程的施工需要，国内装备制造企业在船用重型起重设备领域加大研发力度并取得重大进展。特别是重型变幅式船用起重机研发取得重大突破，已研制千吨级以上重型变幅式船用起重机4台，分别是"三航风范号"2×1200t双臂架变幅式船用起重机、"四航奋进号"2×1300t双臂架变幅式船用起重机、"大桥海宇号"1000t组合臂架变幅式船用起重机和广东长大公司2×1600t双臂架变幅式船用起重机。在我国跨海大桥建设、内河桥梁施工以及其他海洋工程建设中发挥重要作用，这些设备为国家重点工程施工提供可靠的保障。

1. 三航风范号

图1为"三航风范号"2×1200t双臂架变幅式船用起重机，该船用起重机主要是为国家重点工程——东海大桥海上风电设备安装工程研发的，也适用于近海区域大型桥梁和设备的吊运和安装。该船长96m，宽40.5m，吊臂长120m。电气系统采用具有

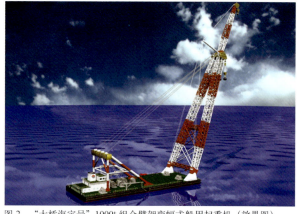

图2 "大桥海宇号"1000t组合臂架变幅式船用起重机（效果图）

图3 2×1600t双臂架变幅式船用起重机（效果图）

图4 "四航奋进号" 2×1300t双臂架变幅式船用起重机

世界先进水平的变频调控系统，单臂架额定起重量1200t，双臂架额定起重量2×1200t，每座臂架配置600t主钩2只，150t副钩1只，两座臂架既可分别起吊，也可同步起吊，主钩最大起升高度88m，副钩最大起升高度110m。2009年10月交付使用时，在同类船中起吊高度为亚洲之最，并于2010年3月完成东海大桥海上风电设备安装。海上风电为2010年上海世界博览会提供绿色清洁能源，产生了很好的社会效益和经济效益。

2. 大桥海宇号

图2为"大桥海宇号"1000t组合臂架变幅式船用起重机，不仅满足内河大型桥梁施工，而且适用于港口或遮蔽水域环境条件或相当上述环境条件的近海区域大型桥梁和设备的吊运和安装。起重机吊臂由主、副吊臂组成，副臂设计采用二次变幅理念，主副吊臂之间采用可拆式铰接结构。主吊臂主钩起升能力1000t，吊高72m；主吊臂副钩起升能力为300t，吊高90m。本船起重机主吊臂满足内河24m通航限高要求，是目前我国唯一能满足内河24m通航的吊重能力最强的千吨级重型变幅式船用起重机。该机到达内河施工地点后，还可安装副吊臂，副吊臂吊钩起升能力150t，吊高为120m，是目前我国内河最大吊高的船用起重机，可满足内河超高桥梁工程的施工。该机的研发填补了国内空白，将在我国内河及海上大型桥梁工程的建设中发挥重要作用。

3. 3200t变幅式起重机

图3为广东长大公路工程公司针对港珠澳跨海大桥建设而研制的2×1600t双臂架变幅式船用起重机。该起重机是在2×1200t双臂架变幅式船用起重机的基础上创新研发的，起重能力更强，起升高度更高，在同类船中起吊高度为亚洲之最。船长110m，宽48m，吊臂长135m，单臂架额定起重量1600t，双臂架额定起重量2×1600t。每座臂架配置800t主钩2只、100t副钩1只，主钩最大起升高度100m，副钩最大起升高度120m，两座臂架既可分别起吊，也可同步起吊。该重型变幅式船用起重机将为我国海洋工程建设提供重要设备保障。

4. 四航奋进号

图4为"四航奋进号"2×1300t双臂架变幅式船用起重机。该机为国内首台大吨位重型变幅起重机，其最大起重量为2600t，有四个主钩，每个主钩吊重650t，另有小钩两个，吊重100t，最大吊高为93m，臂架变幅角度为30°～60°。

我国经济正处于持续高速发展阶段，海洋资源的利用与开发已成新的经济增长点，跨海大桥建设、海上风电设备安装、海上石油开采等海洋工程方兴未艾。重型变幅式船用起重机由于功能强、造价低，一定会拥有广阔的市场前景。

参考文献

[1] 张志明等. 大型起重船船型开发的若干技术问题探讨. 船舶. 2005(1).
[2] 中国船级社. 船舶与海上设施起重设备规范. 北京：人民交通出版社，2007.

装备在线

山水长空"荡秋千"
——LZD400步履式液压缆载吊机

■ 文/朱代炼

随着我国高山峡谷间、大江大河上大跨度桥梁建设的需要，跨越能力较强的悬索桥建得越来越多。悬索桥架设跨度的不断增大，也造成了主梁架设越来越困难，研究一系列能够适应各种地形的架设方法很有必要。

缆载吊机作为悬索桥的主要架设装备，依托主缆行走架梁，进退自如。起风时主缆轻轻晃动，吊机就如同在山水长空之间荡秋千一样。

应用工程

蜀道路难行，长江水汹涌，正在修建的南溪长江大桥位处巴蜀，横跨长江，恶劣的地理条件给桥梁架设装备提出了难题。

作为宜泸渝高速公路宜宾段控制性工程的南溪长江大桥，自2008年11月开工以来，备受瞩目。这座长江大桥采取悬索桥的型式，其安装设备则主要是LZD400步履式液压缆载吊机。

装备特点

LZD400步履式液压缆载吊机为步履式行走吊机，最大吊重为400t，为国内最大吨位起重能力的缆载吊机，其设计最大提升高度为250m，通过连续提升千斤顶实现吊重。

LZD400缆载吊机由主桁架、行走系统、扁担梁、抗风装置等组成，分行走和提升两部分。其中，提升机构由连续提升油缸构成，行走机构由行走油缸、夹紧油缸、支撑油缸三部分组成。整机操作为全液压控制，自动化高，操作方便。LZD400步履式缆载吊机与国内外同类设备相比，主要有模块化设计、行走自动、智能化控制、快速安全四大特点。

1. 模块化设计

扁担梁作为LZD400步履式液压缆载吊机的吊具，其结构主要由扁担梁伸缩段、扁担梁端梁、扁担梁中段组成。通过对该吊机的钢桁梁和扁担梁采用模块化设计，使其可实现吊点的内移和外伸。此外，缆上行走机构采用液压夹紧装置，可以满足不同缆径、缆间距的悬索桥钢箱梁吊装需要。

同时，针对不同工程的使用要求，综合考虑了液压系统的通用性、可靠性和自动化程度。在不同的工程使用时，设备布置和使用要求不尽相同，为此，泵站液压系统的设计采用模块化结构，大大提高了该设备的适用性。

2. 行走自动

液压行走系统为全液压驱动，自动化程度高。在主缆上的行走、移动由吊机自身完成，无需外置其他牵引设备。根据液压原理，配套了专型号的液压泵站，用于提升和行走。液压泵站为液压油缸提供动力，并且根据控制系统的指令实现不同动作、不同速度的调控和组合。

在主桁架的左右两侧各布置一液压泵站，分别控制行走系统和提升系统。主控制系统根据控制指令以及自动流程，控制所有油缸的分步动作，实现同步提升及步履式行走。当电气柜控制面板上的"手动/自动"开关切换到"手动"档时，选择面板上的开关进行就地控制；如果是切换到"自动"档，则选择外部的主控柜进行远程控制，此时泵站电气柜上的按钮无效。

3. 智能化控制

LZD400步履式液压缆载吊机的中央集中控制系统智能化、自动化程度高，可以实现精确同步控制。中央控制系统是缆载吊机的中枢机构，由计算机系统、传感器系统和操作平台组成，可以对缆载吊机的行走就位、钢箱梁的吊装等全过程，以及缆载吊机上所有油缸系统、动力系统、液压辅助系统的工作状态和操作过程进行控制和监测。

该吊机的中央控制系统可以按照程序设计，自动控制所有液压油缸的单独或同步运行、停止；能自动监测所有油缸的工作载荷、伸长量以及锚夹具的开、闭状态；在工作状态下，能自动进行程序修正、状态调整和自动报警。

通过中央控制系统的电液比例控制技术，实现液压提升中的同步控制，控制精度高。在苏通长江公路大桥南主塔墩钢吊箱整体下放工程中，共布置12个同步下放点，使用40台提升油缸，应用电液比例控制技术，各点之间的同步控制精度在±1mm内。

4. 快速安全

该机行走和提升速度均设计为最大速度30m/h，工作速度快，钢箱梁提升、缆上行走及钢绞线下发速度快。

为提高钢梁提升的安全性，对提升油缸的关键部位——钢绞线锚夹具，采用了主动加载技术。而传统的被动加载机构，主要是指底锚锚片与底锚锚板之间没有其他动力夹紧装置，完全取决于提升载荷。主动加载则通过施加外部载荷，确保锚夹片压紧在锚板内部，与钢绞线咬合更加紧密，确保了安全性。

结语

随着我国国民经济飞速发展，以及西部大开发战略的实施，许多高等级公路在崇山峻岭V形峡谷中穿越时将采用大跨径悬索桥。例如贵州坝陵河大桥（1088m）和湖南矮寨特大桥（1176m）。在山区建悬索桥与在大江大河、近海上不同，其一是桥下地形崎岖，没有运梁条件；其二是桥高数百米，起吊高度远超过一般吊机要求。

中国目前山区600m跨径以内的山区悬索桥主梁架设一般采用"缆索起重机"的方法（如重庆鹅公岩桥600m主梁的架设）。当跨度再大时，该方法很难满足经济上的要求。

对于钢桁梁，如果使用国外的"桥面吊机杆件拼装法"，受工艺和设备水平所限，远不能满足建设工期的要求。为此，需要探求一种符合中国实际的大跨山区悬索桥主桁架设方法，缆载吊机的改进值得进一步研究。

EQUIPMENT

CONSTRUCTION METHODS
装备与工法

装备与工法

我国钢梁架设吊机的发展与展望

■ 文/黄雍 张炳桥

武汉长江大桥架桥设备

南京长江大桥使用的 35t 吊机

曼德勒桥 15t 爬坡式起重机

重庆朝天门大桥 80t 爬坡式起重机

随着我国桥梁工程建设的日新月异，桥梁施工设备的适用性和先进性，更加成为桥梁建设者们关注的焦点。业内人士都知道，桥梁施工设备是根据所要建设桥梁的设计与施工要求来进行研发设计制造的。桥梁施工设备作为非标产品，不同于其他工业产品，它是根据桥梁建设施工的工法设计制造的专门设备，以满足项目施工的要求；反过来又促进施工工法的不断改进，甚至会影响到桥梁设计理念的更新。由此，施工设备又进入新一轮的创新提高，形成一个螺旋循环式的发展提高过程。因此，可以说，桥梁施工设备的适用性、先进性在某种程度上决定着桥梁工程项目的可行性和科学性。

钢梁架设吊机的发展回眸

建国初期，在修建万里长江第一桥武汉长江大桥时，钢梁架设采用的是单一杆件吊装，现场铆拼的施工工法。当时，使用的是前苏联制造的 20t 和 35tGMK 架梁吊机。到了 20 世纪 70 年代，修建南京长江大桥使用的是前苏联 DK35t 吊机。80 年代修建九江长江大桥时，钢梁的架设仍是使用 GMK 吊机和国产东风 7035（吊重 35t）架梁吊机。在 30 多年时间里，钢梁架设吊机没有大的发展变化。直到 90 年代，在修建芜湖长江大桥时，中铁武桥重工专门研制了 4 台 50t 全液压架梁起重机，满足了芜湖公铁两用大桥的架梁需要。2001 年，又为缅甸曼德勒桥钢梁架设专门研制了 15t 爬坡式架梁起重机。接着大桥局七公司为万州长江大桥研制了 35t 爬坡式架梁吊机。第三台是武桥重工为重庆朝天门大桥研制的 80t 爬坡式架梁起重机。

随着我国桥梁逐步朝着大跨、轻型、双层、长寿、工厂化制造的方向发展，各类钢梁架设吊机也随之蓬勃发展，日新月异。

天兴洲大桥 700t 整节段架梁起重机

700t 整节段拼装架桥机是专门针对武汉天兴洲公铁两用长江大桥设计的一种大吨位架桥机，是一种能吊起桁梁整体节段，全方位调整（含微动）节段的纵向、横向、转角等位置的自动化大型起吊拼装设备。根据武汉天兴洲公铁两用长江大桥的工程实际情况，整节段拼装架桥机配有 3 组起升机钩及吊具用来起吊桁梁整体节段。架桥机顶部设置有 3 组吊具纵、横滑车，与起升机钩配合下能全方位移动和微动需匹配对接安装的桁梁节段。起吊桁梁节段时，站位于已安装斜拉索前两个节间工作，架桥机前支点位于钢梁节段三片主桁节点前 0.1m 处，后锚点位于已拼主桁节点后 9m 处。

天兴洲700t整节段拼装架桥机采用三吊点模式进行天兴洲长江大桥钢桁梁整体吊装，有效地提高了生产效率。采用三个吊点纵移油缸同步水平顶推实现变幅；底盘两边桁纵移油缸同步顶推实现整机的纵移，使得架桥机工作方便、快捷、灵活；吊具调平机构满足了钢桁梁的拼接要求，减少了劳动强度；电气系统采用载荷比较和速度比较双环同步控制技术，解决了"超静定"条件下的起吊问题。

南京大胜关桥70t 上下爬坡式架梁吊机

南京大胜关长江大桥水域合建区段主桥全长1615m，2联2×84m钢桁连续梁（北岸边孔浅水区）+(108+192+336+336+192+108)m 六跨连续钢桁拱桥。主跨336m和192m桁架节间距有12m、13.56m、15m和15.72m四种形式，为三主桁承重结构，桁宽为2×15m，拱段最大坡度为28°。

为适应南京大胜关长江大桥钢梁的架设要求，武桥重工研制开发了70t架梁起重机。70t架梁起重机是在钢桁梁上弦杆上安装一套桅杆式起重机，能够在钢桁梁上弦行走，可完成主跨336m钢桁梁的上拱架设和中跨192m钢桁梁的下拱架设，具有提升、变幅、回转、底盘调平、整机前移及自我锚固的功能，其尾部吊机可实现安装拉索锚箱的功能。起重机在钢桁梁上架梁时，上底盘能够随拱顶坡度变化保持水平状态，并能依靠牵引卷扬机牵引实现整机前移。该起重机传动方式为电－机械传动，控制方便，维护简单。

70t架梁起重机的研制为国内最大铁路钢桁拱桥——南京大胜关长江大桥的架设提供了设备保证，也为今后同类桥梁的施工提供了架设工法。

该机能同时完成钢桁拱桥上拱和下拱钢梁、桥面板及锚箱的架设，属国内首创。

重庆朝天门大桥架梁吊机

朝天门架梁起重机起重为80t，可在钢桁梁上弦行走，同时完成边跨平直梁和主跨拱梁的架设，具有提升、变幅、回转、底盘调平，整机前移及锚固的功能。起重机在钢桁拱上架梁时，上底盘能够随拱顶坡度变化保持水平状态。起重机转动方式为电－机械传动，控制方便，造价适中，维护简单。

该起重机可实现一次前移、站位于节点后2.5m锚固，完成14m、16m节间距逐个节点的钢梁架设。在进行12m节间距钢桁梁架设时，具有一次前行站位完成两个节间架设的能力。

黄浦珠江大桥架梁吊机

长16m、宽42m的钢箱梁，一般采用吊船架设1-0-1号节段，现场主塔离岸30m，吊船无法工作。同时珠江主航道不能封航，架桥机通过架高腾空自架0号节段，再下降起重机，实现连续架设。

钢梁架设吊机发展方兴未艾，任重道远

广州东平水道桥架梁吊机。东平水道桥1.7万吨钢梁是采用连续钢桁拱结构形式。为满足架梁的需要，我们专门设计研发了可爬坡架梁、下坡架梁以及360°全回转式作业、55t载重量的架梁吊机。

泰州长江大桥主塔施工起重机。泰州长江大桥中墩主塔由20m截面8m×8m重量450余吨的主塔节段钢结构组成，其吊装方案将采用吊重能力500t，提升高度220m的龙门起重机方案。该起重机能在空中对节段进行6个自由度方向的调整，随着主塔的长高，起重机也随之自行加高。

凤凰三桥900t架梁起重机，其吊装方案为整体垂直提升吊装。

安庆长江大桥钢梁架设。安庆长江大桥主桁跨度为580m，架梁形式将采用武汉天兴洲长江大桥整节段或两个节段一起吊装的方式，为此，必须研制出与之工法相适应的架梁设备。

宜万线宜昌大桥钢管拱安装

九江长江大桥使用的35t吊机

装备与工法

"天一号"在青岛海湾大桥架梁

"天一号"的三次"变形"

文/任继新 刘剑峰

2008年8月3日,在青岛海湾大桥施工现场,经过改造的"天一号"3000t海上运架梁起重船顺利架设了第一片60m混凝土箱梁,青岛海湾大桥成为"天一号"服役的第三座桥梁。作为亚洲起重量最大的海上运架梁专用设备,"天一号"起初是专门为杭州湾跨海大桥而研制的,其各项技术指标都是根据杭州湾桥的架梁需要而设定的。但是,随着我国建桥水平的提升,跨海大桥以及近海内河桥梁的建设步伐越来越快。为了节约成本,要求这些专用桥梁装备能够适应不同桥梁架设、满足不同工况需要。正是基于此,"天一号"起重架的主结构采用可拆式钢架结构,方便建造安装、拆卸和改造。在三座大桥的建设过程中,"天一号"经过了三次改造,出色地完成施工任务。

架梁专用吊具

为适应跨海大桥70m、60m混凝土箱梁的架设要求,"天一号"设置了一款专用吊具——吊梁扁担。

吊梁扁担上吊点动滑轮组间距为28m,与起重架定滑轮组相对应。与混凝土梁的连接点有两组设于吊梁扁担下部的两端,对应70m梁固定点间距为

60m；对应60m梁固定点间距为50m。金属结构主要材料采用Q345C结构钢。

吊梁扁担为桁架结构形式，由两片主桁与联结系组成，桁架系统主尺寸为：长度×桁高×桁宽＝60m×6.5m×6.5m，重约450t。吊梁扁担上部3个吊点由4组液压卷扬机及钢丝绳系统驱动，其中一端的2个吊点由各自独立的钢丝绳系统驱动，另一端两套钢丝绳系统通过动滑轮平衡梁合成一个吊点驱动，3个吊点布置保证了钢丝绳系统受力均衡和梁体起吊安全；吊梁扁担下部吊梁采用8根拉索将梁体与吊梁扁担连为一体。根据不同桥梁、不同梁形、不同工况要求，吊梁扁担下部吊梁的吊点间距可适当调整，以满足施工需要。

为适应架设3%坡度梁，采用纵坡架梁挂钩装置将混凝土梁体与吊梁扁担之间相对固定，同时吊梁扁担下部两端8根拉索孔采用椭圆形孔，拉索上、下连接处采用球面铰连接，当梁体倾斜时，确保8根拉索不碰吊梁扁担。

穿越长江口的风浪

在与"小天鹅"2500t起重船合作，圆满完成杭州湾桥的架梁任务后，"天一号"开赴上海崇明越江通道长江大桥现场。在该桥B3标段，需架设的70m预应力混凝土箱梁下部结构比杭州湾的更宽、重量更重。经过测算，梁体上的横向吊点孔由杭州湾桥混凝土梁的8.7m增加到9.76m。因此，"天一号"吊梁扁担下部吊梁的纵向吊点相距60m不变，横向吊点间距由8.7m变为9.76m，以满足吊梁需要。

稍作改造的"天一号"，其架梁作业必须经过长江口。作为长江有名的风浪区，长江口的水文气象条件十分恶劣。下游江面开阔，水深流急，一日两潮，最大潮差达5.6m。长江口的波浪主要为风浪以及风浪和涌浪的混合浪。一年当中，几乎一半的时间刮有六级以上大风，受台风、寒潮影响达十多次，并经常出现大雾天气。在如此恶劣的自然条件下，"天一号"在运载重达2100t的混凝土梁通过长江口时，原有的液压夹持装置对梁体的约束力不够，整船安全受到了极大的挑战。为此，技术人员通过测算和现场实践，研制了一套机械夹持装置，在混凝土梁体两侧各增加4组螺旋千斤顶装置，每组螺旋千斤顶可产生100t的正压力，单侧最大正压力可达到400t。正压力与梁体腹板产生水平摩擦力，克服了梁体的水平摇摆，保证了梁体运载时平稳安全。

架设最长的钢—混凝土叠合梁

在上海崇明越江通道长江大桥B4标段，"天一号"需要架设的是国内最大的钢—混凝土叠合梁。该叠合梁采用整体预制槽形钢梁加混凝土预制桥面板叠合而成，长为105m（边跨85m、90m），重达2300t。根据钢—混凝土叠合梁的受力特点，"天一号"吊梁扁担下部吊梁每个端部增设了一根平衡梁，每根平衡梁上设置两根拉索，两根拉索间距为14.1m，不仅形成8个单独吊点的均衡受力，而且保证了钢—混凝土叠合梁起吊时的安全。

另外，由于叠合梁太长，运载时摇摆幅度大，梁体距船体甲板面上的夹持高度需要从1m变为3m，才能保证叠合梁摇摆时不浸入水中，从而确保整船的安全。"天一号"原有夹持装置均不能满足要求。技术人员经过精心研究，研制出一套可灵活倒伏的机械夹持装置和预应力索保护装置：机械夹持装置倒伏后可满足起重船顺利进栈桥取梁，起重船取梁出栈桥后机械夹持装置立起就可完成对梁体的夹持功能，约束梁体的纵船向和横船向运动；预应力索保护装置的下端与船体固定，上端与梁体下底面连接，4组预应力索保护装置对称布置，约束梁体的横船向运动。机械夹持装置和预应力索保护装置共同作用，形成双保险，充分保证叠合梁运载过程中的平稳性和整船的安全性。

起升高度再创纪录

在青岛海湾大桥的建设上，"天一号"需要完成该桥航道桥高墩区154片60m箱梁的架设任务。由于该桥通航的净空高，"天一号"原起升高度不能满足需要，于是第三次改造就是进行增高。研制者通过在原起重架上加上了一个高6.5m的钢桁架，再将滑轮组和检修设备安装在钢桁架上。同时对原起重结构进行优化，使"天一号"的有效起升高度从原来的53m增加到62m，创造了一个起升高度的新纪录。

在杭州湾跨海大桥、上海崇明越江通道长江大桥、青岛海湾大桥的建设中，由于架梁要求、作业工况等的不同，"天一号"经过改造，顺利地进行了施工作业，极大地降低了建设成本，也为同类型桥梁建设设备改造积累了宝贵经验。■

架设105m钢—混凝土叠合梁

装备与工法

杭州湾跨海大桥 70m 箱梁模板

杭州湾大桥 70米箱梁的孵化器
——整体钢梁板制梁

■ 文／吴元良　刘剑峰

2008年5月1日，世界上最长的跨海大桥——杭州湾跨海大桥建成通车。这座南起宁波慈溪北至嘉兴海盐、全长36km的大桥是中国跨海大桥建设的标志性工程，它创造了中国桥梁建设史上多个之"最"，其中以70m预应力混凝土箱梁最负盛名。

现代桥梁建设正朝着"工厂化"方向发展，即将桥梁分解成构件，进行"工厂化"预制，之后再进行现场拼装。早在2001年杭州湾大桥设计方案竞选大会上，有人就提出了海上长桥箱梁整孔预制、运架方案。该方案一经提出，当即便获得了国内外桥梁专家的首肯。70m箱梁的"工厂化"预制方案，被认为是跨海大桥建设中最经济适用、安全快捷的施工方案。在杭州湾大桥的中引桥、南引桥、水中低墩区、航道桥高墩区全长约18km的上部结构均采用70m箱梁，共计540片。70m箱梁标准段主梁采用单箱单室截面，单幅主梁顶板宽15.8m，底板宽6.25m，主梁梁高4.0m，两侧翼缘板长3.9m，悬臂端部厚度为20cm，根部厚度为50cm，按全预应力混凝土结构设计。要整孔预制这样一个长70m、重2160t的世界上最大的混凝土构件，绝非易事，而70m整体箱梁钢模板成功地解决了这一难题。

整体钢模板的构成

目前,国内混凝土箱梁的制梁模板多为拼装式,其优点是设计、制造较方便,成本较低。但是拼装式模板由于模块数量多,装拆工作量大,工作周期长,拼装后刚度小、易变形,再加上难以保证大体积预制梁的外形尺寸等原因,因而很难满足施工要求。而在杭州湾跨海大桥70m箱梁的预制施工中,采用了整体钢模板制梁工艺,加快了机械化作业进度,从而有效地提高了制梁速度。整体钢模板由底模、外侧模、端模、内模以及内模液压系统构成,与传统的模板相比,具有足够的强度、刚度和稳定性,在施工过程中能确保各部件的准确尺寸。制梁施工实践表明,经过130多次的重复使用,箱梁模板未出现影响梁体变形的现象,同时还大大提高了梁体的光洁度。

钢模板的刚度和平整度

由于梁体的整体形状和光洁度主要取决于模板的刚度和整体的平整度,因此,杭州湾70m箱梁模板的各部分构造将刚度、强度和平整度控制作为重要的设计标准。

该箱梁底模主要由面板、骨架两部分组成。根据设计要求,面板采用14mm钢板,骨架则选用[20,按每350mm均匀布置,这样便可以保证底模在制梁时的整体刚度。为了避免底模在焊接过程中变形,骨架与面板间采用50/150mm间断焊,hf=4~5mm,将底模的平整度控制在1.5mm/2m内。

由于底模长达70m,为了解决钢底模与其下部的混凝土支撑的热膨胀系数不同而产生的底模上拱问题,安装时将底模的中部20m段与其下部的支撑梁固定连接,余下部分在条形混凝土梁上设横向约束挡板,纵向自由放置。由于张拉后箱梁中部将上拱,箱梁的全部重量将由箱梁的两端承受,因此在两端底模下部设计了尺寸为30cm×80cm的四氟板,以减少梁体张拉时钢底模与其下部的混凝土支撑的摩擦力。

外侧模则由侧模、翼模、外模桁架、侧模走行台车等部分组成,翼模的外端与桁架之间采用调节螺杆支撑,用于调整模板翼缘与腹板之间的角度。外模桁架下部的每个节点处均设有螺旋千斤顶,用于调整外模的安装高度和脱模。侧翼模桁架下设M45大螺杆与底模相连,同时用M22螺栓将底模和侧翼模连接为整体,缝隙使用燕尾橡胶条紧密连接,这样便能有效地防止打梁时漏浆。

内模系统由内模标准节段、内模腹板加厚节段、内模底板加厚节段、端隔墙、模伸缩油缸、内模走行小车、轨道、螺旋撑杆等部分组成。内模中还设有6mm加劲肋,这样既提高了模板的抗扭力,又能防止模板变形。

端模则采用12mm,骨架为[20,分为6块设计,方便了安装和拆模。

由于模板的平整度、刚度得到了保证,加上先进的防裂缝技术的运用,预制出的杭州湾大桥70m箱梁梁体光滑美观,受到业界颇高的评价。

整体脱模

根据制梁场的场地条件,现场共设有8个制梁台座,一套模板在一个制梁台座上打梁,待混凝土凝固达到出模要求需要进行脱模作业时,再转移到下一个制梁台架进行下一片梁的预制施工。因此,出模效率对整个箱梁预制工期具有重要影响。

70m箱梁模板采用整体脱模的方式,方便快捷,极大地提高了工作效率。经过现场测算,在工作顺利的条件下,两个小时即可完成脱模。

底模在靠近两端处设有便于移运梁体小车进出的长1.2m、宽6.25m的活动底模块,在两侧外模桁架的底部各设有3个移模台车,能在外模轨道上纵移,以便于一套外模能适用于多个制梁台位,并及时将制成的梁体移出制梁台位。在每个移模车上设置横向千斤顶,可使外模作横向移动,外侧模的拆除则通过轨道滑轮收放千斤顶来实施。

液压内模采用分节整体脱模、各节段收缩后分节整体出模的方式。每个内模小车由车架、2个可伸缩支腿、4个走行轮、手动换向阀、油缸、胶管等组成。由设在车体上的液压泵站通过胶管提供液压源,操纵手动换向阀,使内模板收缩和伸缩支腿收回。各个油缸在脱模的初始阶段可先用撑杆拉动模板,待模板与梁体产生间隙后再同步动作,控制模板油缸收缩达到运送状态,便于顺利通过箱梁的端隔墙。由于箱梁端部腹板加厚,内模变厚,端隔墙段的收缩空间变窄,箱梁端部出口小,因而传统的收缩双梁式运模小车的方法难以满足要求。而在内模不稳定的情况下,采用单立柱式主梁支撑运模小车的方案,可以增加内模的活动空间,使其能够顺利实现脱模。

70m箱梁模板的使用,有效缩短了制梁周期,提高了箱梁质量,加快了桥梁建设"工厂化"的进程,为杭州湾跨海大桥顺利建成通车做出了应有的贡献。

杭州湾跨海大桥70m箱梁内模

装备与工法

特大型桥梁工地的"擎天柱"

■ 文/郁 犁 武焕陵

图1 MD3600塔吊全貌

　　为体现南京长江三桥钢塔施工进度控制优势，经钢塔安装自爬和自立方案比选，考虑到安装精度好、进度快、风险小等因素，南京三桥引进了法国波坦公司MD3600特大型塔吊作为安装设备。该设备具有结构简单、起重能力大、稳定性高等优势，在南京长江三桥钢塔安装和其后的苏通大桥、泰州大桥主塔施工中都起到关键作用。

　　欧美、日本等发达国家特大型桥梁中钢结构形式比较普遍，而钢塔在我国桥梁建设历史上采用得不多，主要是材料、制造和安装等问题的束缚。随着国力的不断增强和大跨度桥梁的密集修建，我国正由桥梁建设大国步入桥梁建设强国，桥梁建设的理论、技术、设备等不断充实，特别是特大型桥梁施工设备的装备水平得到了跨越式发展，这反过来促进了特大型桥梁设计和施工过程中对新材料、新工艺的采用。继南京长江三桥首次采用钢塔后，其"工厂化"制作对质量可控制性、平行作业和安装快捷对进度的保障性、轻质高强材料对基础承重要求的减低等优势被业界认可后，泰州长江大桥、马鞍山长江大桥也采用了钢塔结构。

　　在采用自立式安装方案的过程中，施工人员在全球范围内进行了塔吊设备调查，日本有两台符合南京三桥钢塔安装要求的塔吊，且已连续服役了30多年，当时还在作业，无法及时到位，即使等待，其租赁费用上亿，与购置相比没有优势。考虑到我国大型桥梁建设方兴未艾，有关方面毅然通过全球招标，添置了两台MD3600塔吊，从根本上提高了我国特大型桥梁起重设备的装备水平，同时还为该设备在其后的桥梁建设中培养管理队伍、确定施工工法、建立抗风安全分析方法、奠定使用基础。从此，MD3600塔吊跨上了在特大型桥梁施工中应用的漫漫征程，一次又一次地刷新了桥梁建设纪录。

MD3600塔吊性能

MD3600是电驱动固定式塔式起重机，最大起重量160t，最大工作半径30m，是法国POTAIN公司专门为南京三桥钢索塔架设计制造的大型塔吊。塔吊全貌见图1。

MD3600塔吊钢结构按照FEM标准制造，机械及电气元件符合DIN及ISO标准，最大起吊重量160t，最大抗倾覆力矩为36000kN·m。MD3600塔吊基本技术参数见下表。它主要由起升机构、回转机构、变幅机构、电气装置组成；所有机构的设计和尺寸均符合FEM规则，设计遵从便于维护和停机修理的基本要求，依照使各种动力传动更具连续性进行设计和制造。机构的设计保证在工作状态下、在最大工作风压下所有运动都可以正常进行。

该塔吊具有先进的人机对话功能。操作者通过指示器能方便地进行人机对话，及时掌握起吊物的吨位、吊钩高度、工作半径、容许极限力矩的百分比、起吊绳倍率转换（2绳80t或4绳160t）和风速等。塔吊所有动作均通过安全系统进行保护，设有重量限制器和运动速度限制器。操作室内的操纵台和塔吊底部电控箱上设有紧急停止按钮。在塔吊的最高点装有风速仪和3个夜间航行警示红灯以及避雷针，能够对50km/h风速提前报警。

南京长江三桥应用

1. 工程概况

南京三桥是国内首次采用上塔柱为全钢、下塔柱为混凝土的钢-混凝土混合形式钢索塔钢箱梁双索面五跨连续斜拉桥。钢索塔为人字形塔，塔柱圆曲线部分半径720m，高215m，设4道横梁，其中下塔柱及下横梁为钢筋混凝土结构，其他部分为钢结构。下塔柱高36.304m，塔柱截面横桥向宽度为6.12~8.4m，顺桥向宽度为8.0~12.0m。钢塔柱高178.696m，截面尺寸为：横桥向5.0m，顺桥向6.8m。钢塔柱壁板厚30~48mm，壁板加劲肋厚24~32mm；腹板厚32mm，腹板加劲肋厚24mm；横隔板厚14mm，横隔板加劲肋厚10mm。除钢混结合段外，钢塔柱共分21个节段，节段长8.0~11.95m，节段重量1250~1579kN。节段间优先考虑金属间的接触传力，采用高强螺栓连接。

南京三桥钢塔的安装难度大，精度要求高，为此引进了法国波坦公司的MD3600型塔吊设备，解决了难题，确保安全顺利封顶，完全体现了钢塔的施工优势。钢索塔架设的难点和重点是超重、超大构件、超高空吊装施工的安全管理和安全控制。

2. 大型钢塔架设方法

大型钢塔的吊装在国内没有先例，为了确保安全高效地完成南京三桥钢塔架设任务，设计人员对国外相关的架设工艺作了详细的比较和分析，以确定最适合南京三桥的钢塔架设工艺。

钢索塔架设中一般采用大型浮吊整体架设法、自立式塔吊架设法、自爬式架设法3种工法。

整体架设法：

这是一种利用大型浮吊对地面组装后的主塔整体或整体的一部分进行架设的方法。此方法现场的工期较短，但受大型吊机起吊能力、起吊高度等因素的影响，可适用的主塔规模受到限制，一般多用于中等规模桥梁的架设。名港西大桥、东京湾彩虹桥、白鸟大桥等桥梁即采用这种方法。

自立式塔机架设法：

自立式塔机可以独立于主塔单独设置，并通过此塔机对塔柱节段进行分段架设。采用这种方法时，单位架设量的大小（重量）取决于吊机能力。南备赞濑户大桥6P、明石海峡大桥、多多罗大桥、来岛大桥采用了这种方法。

自爬式塔机架设法：

在塔柱主体部设置吊机，根据架设进度升高吊机设备，对塔柱节段进行分段架设。与浮吊架设法及自立式塔机法相比较，此方法的工期较长，且需要考虑主塔加固措施，以便能对吊机设备提供足够的支持力。大鸣门大桥、北备赞濑户大桥、南备赞濑户大桥5P、大岛大桥采用了这种方法。

3. 南京三桥吊装方案比选

由于南京三桥的主塔高度约达到215m，因此塔柱主体不可能采用大型浮吊的整体架设。采用自立式塔吊时的架设进度为2节段/天，而采用自爬式塔吊时的架设进度为1节段/天（假定采用钢铰线千斤顶）。所以，利用1台自立式塔机架设2个主塔时的工期可以达到与利用2台自爬式塔吊架设2个主塔时一样的工期。另外，采用自立式塔吊进行架设时，不需要等到利用高

MD3600（2800）塔吊基本技术参数

设备工作指标			参　数	备　注
最大起重力矩			36000kN·m	2800型为28000kN·m
工作范围	起重量(t)/工作幅度(m)		160/18.5（8倍率）；160/20（8倍率）；140/22.3（8倍率）；86.8/30（8倍率）	2800型为20/2倍率；80/4倍率；80/18.5；20/20；70/22.3；50/30；20/5-50
	起升总高度(m)		190.8~232.8	2800型为315
	回转		无中心集电环，360°	2800型有中心集电环，不限
工作速度	回转速度(rpm)		0.4	调压无级调速
	起升速度(m/min)	8倍率	160t　0~10m/min	主卷扬500LCC400，370kW 直流无级调速；2800型分别采用4倍率和2倍率，起升速度按倍率提高
			120t　0~13.25m/min	
			80t　0~20m/min	
	变幅速度(m/min)	160t（8倍率）	0~10m/min	主卷扬25DVF64,1×37kW 交流变频、无级调速
供电要求：变压器容量1000kVA，供电电压10000V/50Hz，工作电压400V±5%				

强度螺栓进行的连接部施工完成后,再进行下一节段的架设,而是可以直接进入下一节段的架设作业,这也为此架设法赢得了时间。若采用2台自立式塔机同时架设2个主塔,工期相应缩短约一半。

南京三桥在基础施工时采用了镇航工818、1200t固定扒杆浮吊,可以应用在塔机的组装施工中,解决了塔吊的组装需大型吊机的问题。

自立式塔吊架设法中塔柱主体上不涉及与吊机的支撑或升高相关的结构,无需进行结构上开孔、加固等改变结构本身刚度等问题,同时也不需要别的塔柱节段吊机,对结构的影响较小。

综合考虑满足南京三桥钢塔身要求的设备基本性能以及工程经济、结构安全等问题,工作人员决定采用MD3600型塔机于南京三桥桥塔安装施工中。

4. 特大型设备对工程设计和施工的意义

南京长江三桥于2004年8月底开始钢塔架设,当年12月完成安装工程,每个钢塔的架设工期为3个月,仅为混凝土塔工期的1/4;同时,安装精度达到万分之一,远远超出设计预期。对于整桥进度而言,争取了两个台风期,工程进度提前了一年半,减少管理费用和增加运营收入共计3亿多元,取得了前所未有的社会和经济效益。

在安装方案比选、塔吊选型、引进和管理使用过程中,有关方面组织和培养了一支专门的施工和管理队伍,形成了一套行之有效的施工工法,开展了塔吊抗风安全分析并将成果直接应用于塔吊和钢塔制振。MD3600塔吊在南京长江三桥的引进和成功应用,开创了国内先河,为其后的桥梁设计和施工提供了重要的技术选择和设备基础。

苏通大桥应用

1. 使用要求和塔吊改造

苏通大桥主跨1088m,索塔高300.4m,索塔上部226.5m以上斜拉索锚固段为钢锚箱。最大起吊高度超过315m,最大起重量80t;使用两倍率快速小车可按70m/min的起吊速度进行不超过20t的吊装作业,塔吊非工作状态下设计风速要求为60m以上。除吊装钢锚箱外,塔吊还须承担混凝土塔施工的吊装等工作,要求塔吊具有24000kN·m以上的起吊能力和高吊速的双重功能。

为适应苏通大桥主塔钢锚箱吊装和混凝土施工,有关方面组成专门课题小组进行改造方案研究,结合苏通大桥索塔施工方案对塔吊抗风安全要求和吊高、吊速等性能的特殊要求寻求省内外、国内外改造方案。其间,不断调整和优化改造设计方案。对各细节部位的改造,坚持安全可靠、方便适用的原则,并始终以最大限度满足工程建设需要为标准进行。特别对抗风稳定设计、附墙位置和道数历时两个月,经六次反复调整验算直至安全性和设置形式、位置符合施工要求为止。通过安全性、适用性和性价比的反复权衡,塔吊改造技术方案不断深化、优化、细化和符合苏通大桥的使用要求并获得使用单位最终认可。吊钢锚箱通过前小车、前卷扬2—4倍速、混凝土塔施工通过后小车、后卷扬更换变速箱;变幅和回转通过改造和增加大臂以及增强回转机构等方式来实现改造。改造后的塔吊具有28000kN·m的抗倾覆能力,塔吊的结构形式不变,且3600型和2800型两种机构可互换,一台塔吊具有了快、慢、轻、重的多种功能,这必定会对拓展MD3600塔吊的应用领域和使用前景起到十分积极的推动作用。该塔吊在苏通大桥的应用是实现国内重要建桥设备资源共享的重大举措,其成功地改造和顺利地使用保障了苏通大桥世界第一索塔安全、优质施工的同时取得良好的社会效益。

2. 应用成果

完成南京长江三桥钢塔安装后,塔吊和整个管理队伍移师苏通大桥。2005年6月完成安装后,从事主塔施工的垂直吊装工作并参与斜拉索安装工作,简化了施工吊装作业流程,保障了钢锚箱整体吊装,从而加快了进度并提高了安装精度,大大节约了其他水上起吊设备的使用和工序转换的时间,取得了很大的经济效益。

围绕脉动风场中桥塔–塔吊体系抖振的分析研究成果,填补了高耸结构相关研究领域的空白,并多次在12级以上台风侵袭中得到验证。

应用展望

MD3600塔吊目前正应用于泰州大桥钢塔安装,其应用技术和南京长江三桥相近,本文不赘述。不久,该塔吊将会应用于马鞍山长江大桥主塔安装。特大型桥梁的施工过程提高了特大型工程机械设备的装备水平,特大型工程机械设备也促进了特大型桥梁施工向集约化、精细化、规范化的方向发展。■

图2 塔吊在苏通大桥的初始安装状态

为九堡大桥量身定做——
步履式顶推系统

文/秦利升 卞永明 舒大勇 崔微微

九堡大桥主拱为三跨连续钢拱梁，采用分段拼装、整体顶推的方式，最大顶推跨度达到94m，最大顶推重量约为15000t，国内无类似的施工装备及施工经验。为此，施工单位专门设计了一套步履式顶推装置，实现多点分散顶推施工。该系统克服了其他方法顶推时对桥墩产生的水平推力，并且通过液压系统的控制，可以自动适应钢拱梁的变形，使顶推更加安全可靠。

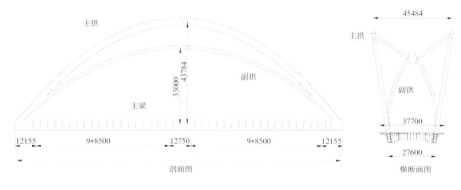

钢拱梁结构示意图

多点分散顶推施工

桥梁顶推法施工，是在施工时采用特制的顶推动力装置，推动梁体在专用的临时设施、滑动装置上移动，最终将梁体推移到预定设计的位置上。其最大优点是不影响江河通航、无需重大型吊装设备。桥梁顶推的关键技术主要有七个方面：制梁台座（钢箱梁拼装平台）、导梁、临时墩、滑动装置、横向导向（限位）装置、钢箱梁起落和支反力调整。

桥梁顶推分为单点顶推、多点顶推两种工况。单点顶推水平顶推力装置的位置集中于桥台上，前方各墩上设置滑动装置。多点顶推时，在每个桥墩上均设置滑动装置和顶推装置，将集中的顶推力分散到各个墩上。多点分散顶推动力学原理的数学表达式如下：

当 $\Sigma F_i > \Sigma (f_i \pm a_i) N_i$ 时，梁体才能被推动。

式中：

F_i——第 i 个桥墩处的顶推动力装置的顶推力；

N_i——第 i 个桥墩处的支点瞬时（最大）支反力；

f_i——第 i 个桥墩处支点装置的相应摩擦系数；

a_i——桥墩纵坡率，"+"为上坡顶推，"－"为下坡顶推。

（注：此处桥墩包含临时墩、主塔或桥台、辅助墩）

多点顶推与集中单点顶推相比较，可以避免配置大型顶推设备，能有效地控制顶推时梁体的偏移，顶推时对桥墩的水平推力可减小到最小，便于采用结构柔性墩的临时墩。但多点顶推需要较多的设备装置，操作时的同步性等要求甚高。由于主体结构以及桥墩的限制，九堡大桥采用了多点分散顶推施工工艺。

步履式顶推设备

1. 顶推方式比选

目前用于桥梁顶推的设备主要有两类，一类是采用钢绞线分散牵引的方式，另一类是采用液压油缸进行顶升平推的方式。钢绞线分散牵引的方式不可避免地会使桥墩承受水平载荷，并且由于钢绞线是柔性的，难以控制各点的牵引载荷，施工时需要对桥墩的水平位移严格监控，并且对桥墩进行加固处理，破坏了原来的设计。液压油缸顶推的方式目前在国内尚无应用。美国一家公司设计的平推系统应用于法国米劳大桥施工中，这套平推系统的调整油缸为螺母锁紧式，无法灵活适应钢箱梁的坡度和线形变化，顶推机构的楔形块方式效率低、容易滑出，且没有横向调整装置，无法在顶推施工中控制横桥向位移。

为适应不同坡度、不同线形的钢箱梁整体顶推施工，施工方设计了一套集顶升、平移、横向调整于一体的步履式平移顶推系统，通过组合动作实现了拱箱梁的竖向、顺桥向、横桥向的移动或调整，从而保证拱桥的坡度、全桥线形。该系统包括机械结构系统、液压系统、电控系统（电气、控制、传感器）。

2. 步履式顶推设备工作原理

步履式顶推设备自成一体，在计算机控制下，可以实现顶升、顺桥方向移动，同时还可以实现横桥方向的调整，以适应不同桥型不同方向的线形和坡度要求；它按照机械标准设计制造，调节精度高，能更好地满足九堡桥对载荷和变形的控制要求；全液压系统驱动，整机体积小、重量轻，控制比较平稳，液压保护齐全，安全性比较高；顶推设备的上下两部分通过油缸实现顺桥方向的移动，该推力为设备自身的内力，克服了其他方法顶推时对桥墩产生的水平推力；通过液压系统的控制，可以自动适应顶推拱箱梁的变形，使顶推更安全可靠。

步履式顶推设备的顶推机械结构系统，包括上部滑移结构、顶升支撑油缸、顶推移动油缸、横向调整油缸，通过计算机控制和液压驱动实现组合和顺序动作，以满足施工要求。

上部结构顶面通过 50mm 的橡胶垫托住拱箱梁，支撑尺寸为 $2.7m \times 2.5m$，以满足拱箱梁的局部承压要求。橡胶垫可以使局部承载均衡，保护拱箱梁底部油漆。

上部结构的底部固定一块 3mm 厚的不锈钢板，与下部结构的聚四氟乙烯构成滑移面。聚四氟乙烯做成蘑菇头形状，在蘑菇头之间的间隙可藏硅油，以降低滑移面的摩擦阻力。经过多次工程实际的检验，通过这样的处理，滑移面的摩擦系数小于 0.025。

在上部结构的滑道两侧布置了两台带导向轮的横向调整油缸（以下简称横向油缸）。通过 4 台油缸，既可以解决上部结构在顺桥向移动时的导向问题，又可以解决拱箱梁横桥向的调整问题。

上部结构的两端有两个挡块（箱形），是顺桥向移动油缸的反力支座。它与顺桥向移动油缸端面接触产生顺向移动所需推力。这样的连接方法可以使上部结构在横桥向调整方便自如，不会引起连接干涉。

下部结构的顶面布置了许许多多的蘑菇头，通过蘑菇头一方面承受竖向载荷，另一方面减摩，使滑移面有更小的摩擦阻力。

下部结构的中间内藏一台双出头液压油缸（以下简称移动油缸）。移动油缸与下部结构通过两端的法兰固定，这样可以通过控制移动油缸的左右伸缩，实现上部结构与下部结构顺桥向的移动。

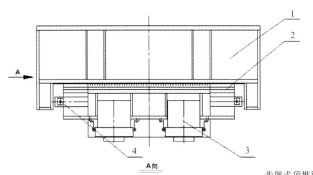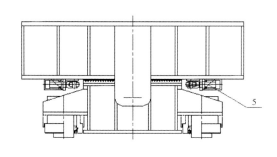

步履式顶推设备机械结构示意图

1. 上部支撑结构；2. 下部滑移结构；3. 顶升支撑油缸；4. 顶推移动油缸；5. 横向调整油缸

顶推施工过程

1. 顶推步骤

(1) 根据试验顶推的数据进行调整，设置正式顶推的上限和下限。

(2) 监控人员按照指定位置，到位监控。

(3) 按照规定，检查信号。

(4) 操作员在确认无误的情况下，启动自动程序，进行顶推。

(5) 实时监控。

(6) 在每个监控点都画线，检测钢箱梁的偏位情况。如果中线偏位超过15mm，则进行中心调整。

2. 顶推重点

◆ 中线调整

由于钢结构重心位置偏差，顶升高度偏差和前进中的不完全同步，会造成中线累积偏移，当累积到15mm时必须进行中线的调整，调整靠横向调整机构进行。具体方式如下：

首先，在设备脱空的情况下将上部滑移梁转移到偏移的一方（假如整体向下游偏移，则将梁移到下游），之后进行同步顶升，直到钢箱梁脱离临时垫梁。然后，将另一侧的导向约束去除（如果向下游偏，则将上游侧导向缩到底），再利用横向调整油缸进行调整（下游侧导向油缸伸缸），最后同步下降到底，再回复到初始状态，继续顶推。

◆ 导梁过墩

由于导梁是阶梯形，且挠度比较大，在顶推施工过程中，导梁会碰到前面墩顶垫梁。所以，必须利用千斤顶放置在顶推设备上，在顶推之前利用千斤顶将导梁顶高，使之超过前面的临时垫梁。

在导梁过墩时，必须有两名或者三名工人配合操作。如果千斤顶在平推时不稳定，必须加钢板或者木板垫实。在平推时，要确保导梁不会与临时垫梁摩擦。

◆ 易墩换顶

在本跨顶推中，设备已经布置到位，不存在易墩换顶的问题。在最后一跨顶推施工中，必须将后面的设备转移到前面即将到达的墩顶上面，我们称之为易墩换顶。负责设备安装的人员，在设备停止使用之后，立即进行拆卸和吊装，转运到前面的墩顶上面。准备好扳手、吊索、吊车等设备。

3. 控制方式

由于钢拱梁上部拱肋复杂，导致整个钢箱梁顶推过程中刚度变化较大，而载荷变化对钢拱梁顶推施工安全影响巨大，因此，最终确定了"位置同步，载荷跟踪"的控制策略。

顶推点1为整个顶推系统的主令吊点，其他吊点为跟随点；相对刚度较小的吊点3、吊点4、吊点5和吊点6以位置同步控制方式跟随主令吊点1。通过控制这4个吊点的位置偏差，以保证钢拱梁在顶升和下降时空中姿态正确；其他各点以载荷跟踪方式跟随其附近的位置控制点。

实际应用及结论

九堡大桥钢拱梁第一跨顶推施工于2010年3月12日开始，至3月28日结束。共计顶推行程210m，顶推最大悬臂70m，顶推重量约为5200t。在施工过程中，顶升、下降、平推的同步偏差最大值约为6mm，中线最大偏位控制为15mm。步履式顶推设备工作正常，同步控制精度高，纠偏灵活，取得了较为理想的应用效果，对于以后类似施工提供了一定的借鉴。

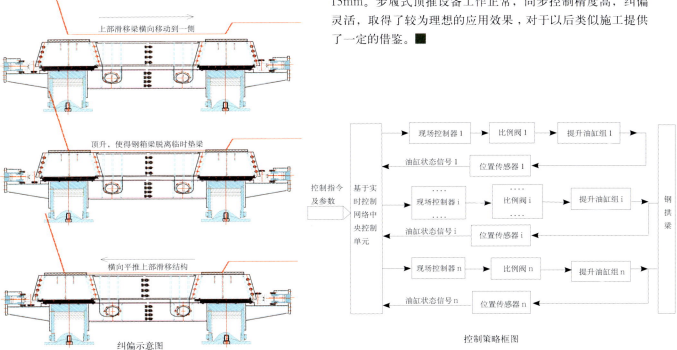

纠偏示意图

控制策略框图

装备与工法

中心起重船
——近海施工设备的再次提升

■ 文/高 武

随着桥梁建设科技发展，桥梁趋向大型化，跨度不断加大，墩身、梁体的构件趋向"工厂化"。其构件单件物理尺寸大、重量重。如杭州湾大桥每片箱梁长70m、宽13m、重达2200t。专业的机械装备成为大型桥梁建设的关键。

近海工程船舶，是大型桥梁建设的关键装备，中心起重船可谓近海工程船舶的主力军。

下述三点可以定义中心起重船。第一，中心起重船起重机装置的位置和类型，区别于常见的全回转式（如蓝鲸号）、桅杆式（奋进号）起重船的臂杆式结构，无法像这两种起重船进行起重架仰俯角度的变幅动作，只能利用已定的起重架做吊物的上下垂直动作。第二，起重架中心位于船舶纵向中心位置，即全船146个肋位中的第68肋位。经实地丈量所吊物重中心线自船艏端线34m。第三，船舶空载时的重心和船舶纵向中心仅相差3m，重载时因吊物重量使船舶的压载系数发生变化，吊物垂直船舶纵向中心，重心居中于船舶中心，设施相对固定在船舶中部甲板上，便于船舶载梁航行。此类船的船型依据荷兰"天鹅号"打造，为大型箱板梁取、运、架一体的专用大型工程船舶，目前国内仅有"天一号"和"小天鹅号"两艘。

附表中没有罗列安装在船艏部水线下的侧推进器。其侧推为4叶定螺距螺旋桨，带双向导流管，直径1.1m，功率240kW，安装部位为横向船体，固定不可回转，但可以正反转。主要作用增加船舶艏部在一定范围内的移动能力，为驾驶员提供船舶进入码头、墩区进档和箱梁架设时的辅助操纵性能。

中心起重船作业流程

中心起重船具有自航能力，集定位、取梁、载梁航行、架设为一体。其取、运、架作业程序如下：

船舶入港进码头→系缆和锚泊定位→下放起梁扁担→伸出伸缩架和小托梁→调整起重扁担与箱（组合）梁预留吊装孔位中心位置→下放提升小托梁钢丝绳→提升小托梁至工作高度、收回伸缩架→按规范安装吊带→起梁至安全高度→解缆起锚→退出码头→箱（组合）梁下落、入夹持器夹梁→航行至架梁海域→（等候架梁）准备进入架设墩区→松开夹梁设施、起梁船舶至架设墩位高度以上→锚泊初定位→绞入桥墩精确定位→落梁→放出伸缩梁接回小托梁、收回伸缩架和小托梁→提升起梁扁担退档→起锚返航。

整个作业程序分为21道主要工序，所谓（等候架梁）准备进入架设墩区工序，是指等候潮汐的流向，一般采用船舶迎潮顶水流方向进入墩区。由于船艏装有侧推，加之船艉4台全回转舵桨，在船舶进入码头取梁、墩区进档落梁进

墩区精确定位后，箱梁下落就位

行精确定位时，不但减轻了锚机的工作负荷，还加快定位速度。

中心起重船实际应用效果

该船自投入使用以来，先后架设了杭州湾跨海大桥、上海长江隧桥和青岛海湾大桥等大型桥梁的箱梁、组合梁302片。现举青岛海湾大桥60m箱梁海上架设施工为例。"天一号"起重船所在合同标段60m箱梁架设，使用的大型船舶数量："天一号"起重船1艘，367.5kW起锚船2艘，共计3艘。相邻合同标段船舶数量："奋进号"2600t非自航起重船1艘，带有箱梁夹持设施的5000t级海上运输铁驳2艘，3300kW近海拖轮1艘，588kW起锚船1艘，共计5艘；另外码头设置1200t行走式龙门吊2台，用于箱梁自预制场到运输铁驳的吊装转移。

离开码头后梁体下落入夹持器

从上述可以看出，采用中心起重船进行60m箱梁架设施工，首先，从船舶数量上，可为施工方减少大量的船舶租赁费。其次，简化船舶作业程序。如相邻标段起重船、运输驳，需要拖船往返拖运，而中心起重船可以独自完成。第三，减少了施工单位的设备投入。因中心起重船可以完成码头取梁、载梁航行，减少码头大型吊机和运输铁驳这两项较大投入。第四，降低了人员使用数量。第五，减少了因机械运转引起的碳排放，降低了环境污染。

中心起重船的应用前景瞻望

通过杭州湾大桥541片70m混凝土预制箱梁、上海长江隧桥B3标64片70m混凝土预制箱梁、B4标28片105m钢—混凝土叠合梁、青岛海湾大桥154片60m混凝土预制箱梁的取、运、架施工，中心起重船取得了明显的应用效果。其中上海隧桥运输距离为98.42n mile的105m叠合梁的超宽、途经长江口管制海域的载梁航行，创下了国内大型箱梁长途运输的先例。

预计中心起重船将吊具进行相应的改动后，其应用前景将会进一步拓展，最起码可以完成大型钢板梁取、运、架的水上施工。

由于起重机的主构架采用的是可拆式钢架结构，能根据施工对象进行局部改进，这就给起重机的性能改造，提升应用空间提供了极大的余地，在一定范围内起到了改变中心起重的专用限制。

附表： "天一号"起重船主要技术参数及性能

项 目		单 位	数 据
船式			钢质、单底、单甲板、具有五层甲板式的固定式箱形自航起重船
工作条件			内河A级、B级、沿海自航，近海及无限航区由拖船拖航
			在风力6级及以下能施工作业
			能适应8级风及相应波浪条件下的载梁航行
			10级风以上进港抛锚避风
			≤ 2m / 3.5m/s
		℃	-10~45
乘员定额 及自持力			50人　45天
船体		m	总长×型宽×型深：93.4×40×7
		t	11005.4 (7827) 净吨位：2348
		m	3.5/4.0
		节	8节
		t	约3603
起重机			高约69m（水线以上至主结构），主结构采用封闭箱形杆件的桁架结构，总重约1508t
			可起吊60m和70m预应力混凝土梁，主结构为桁架结构，总重约450t
		t	3000（钢丝绳80t 动滑轮组120t 吊梁扁担450t 辅助设备100t 梁体2250t）
		m	53（梁顶距水面）
		m	16（吊点中心与起重架立柱中心线的水平距离）
		m/min	0~1.0
		kW	1350
主机组	柴油机	型号	（康明斯）
		功率 kW	1200×1500r/min 共4台
	发电机	功率 kW	1120×1500r/min 共4台
		电制	AC400V、3φ、50Hz
推进系统全电力、尾机型		型号	肖特尔 SRP550
		型式	4叶定螺距螺旋桨、带导流管、全回转
		功率 kW	900（1800r/min）4台
		直径 m	~1.75
锚泊设备			500kN液压锚绞车 7台；70AM2/500kN液压起锚绞车 1台；70AM2液压起锚机 1台；250kN液压稳索绞车（含公用泵站1套） 4台；200kN电动绞盘 4台
		只	10t/只 共4只，12t/只 共4只，6.45t/只 共2只

液压铣槽机 有进度更有精度

文/周晓华 武焕陵 郁犁

图1 南京四桥跨江主桥效果图

南锚锭地连墙的特点与难点

在建的南京长江第四大桥（简称"南京四桥"）是国内目前跨径最大的三跨吊悬索桥，主通航孔净空高度50m，主跨为1418m，在同类桥型中居世界第三（见图1）。该桥南锚碇基础采用井筒式地连墙结构形式，平面形状为"∞"形，长82.00m，宽59.00m，由两个外径59m的圆和一道隔墙组成，壁厚为1.50m。地连墙顶高程5.00m，底高程为-35.00m～45.00m，嵌入中风化砂岩约3.00m，总深度40.00m～50.00m。

这种规模形式的地连墙基坑在国内第一、世界罕见，其受力较复杂。地连墙施工平台高程为6.5m，最大深度达51.5m。因此，要求作为主要围护结构的地连墙必须具有较高的施工精度质量控制。地连墙四周紧邻大堤、石油管线、国家粮库等重要构造物，保护等级高。加之地连墙采用铣接法进行连接，对接缝质量要求高，须确保不出现漏水情况。"Y"形槽的结构形式在国内尚属首次，其施工成槽及钢筋笼的下设为本工程的最大特点和难点。此外，地连墙施工从3月20日～7月20日经过汛期，地下水位在汛期较高，变化大。同时为确保基坑在枯水期实现封底，需在120天内完成全部65个槽段的成槽施工，工期较紧。

鉴于本项目南锚碇地连墙工程施工的特点及难点，对于基岩面以上的覆盖层采用纯铣法进行施工，即直接用铣槽机铣削。进行基岩施工时，优先考虑液压铣槽机，当纯铣法效率较低时，改用凿铣法施工。在学习国内类似大型桥梁地连墙施工技术的基础上，为降低工程造价并培养我国自己的专业施工队伍，南京四桥从德国引进了1台BC-32液压铣槽机（见图2）进行地连墙的成槽施工。同时，为提高地连墙施工的入岩成槽功效，配备了8台CZ-6型冲击钻机配合液压铣槽机作业。

BC-32型铣槽机的基本性能

BC-32型液压铣槽机主要由铣削系统（即铣头部分）、测量与控制系统、提升系统、泥浆处理系统、主机行走系统等5大部分组成。其中主机行走部分是采用利渤海尔HS885HD吊车底盘，最大输出功率760kW，最高转速1900r/min。铣削系统铣槽长度2.8m，铣槽最大厚度640mm。BE500-60泥浆处理系统主要包含2个BE250-60和1个GS500，总功率为122kW，泥浆总处理能力500m³/h。

BC-32型铣槽机在南京四桥的应用情况

1. 试验槽段施工

◆ 试验目的

在正式进行地连墙施工前，施工方利用BC-32型液压铣槽机进行了一个标准Ⅱ期地连墙槽段的成槽试验，以便摸清BC-32型液压铣槽机对本工程地层的适应性，使操作手对本工程地层条件有一个初步的认知。同时检验液压铣的成槽质量、清孔质量等，掌握铣槽机在各地层（特别是岩层）中的成槽效率、铣齿的适应性和消耗率，以便确定铣齿的备用数量和规格，对基岩段采用纯铣法和凿铣法从工效和质量等方面进行综合比较。根据试验分析地连墙总工期的保障性，为地连墙大规模生产提供参考依据，并培养了国内操作人员和施工队伍。

◆ 成槽试验

利用锚区外环形道路作为液压铣施工平台，导墙为矩形截面结构，底标高+2.6m，顶标高定为+5.6m，单侧导墙宽50cm，两导墙间净距为1.6m，净长定为3.5m。试验槽段为1个2.8m槽段，施工工艺为反铲开槽、铣槽机铣削至基岩、硬岩段采用纯铣或凿、铣结合的方式，孔深进入中风化层3m终孔。

在液压铣造孔过程中，孔深每隔25～30m即进行测斜，使液压铣操作手随时了解孔斜情况，及时利用液压铣铣头上的纠偏板进行纠偏。成槽后，进行槽孔质量检查。孔深测量采用φ5mm钢丝测绳，墙厚及孔形采用日本KODEN的DM608型超声波测斜仪进行测量。清孔换浆原计划采用气举反循环法，考虑到槽壁的稳定性，后采取直接用铣槽机清孔的方式。对浆液的置换数量、达到清孔验收合格标准的用时等进行详细的记录并进行分析。

◆ 成效分析

在南京四桥南锚碇的特定地质条件下，BC-32型液压铣槽机在上部粉砂层及粉质黏土层中适应性优良，铣削容易，通过液压铣的测斜系统及KODON的DM608检查，孔形优良。进入基岩后，液压铣施工较为吃力，进尺缓慢。BC-32型液压铣槽机铣削效率为：最高纯钻功效为17.4m/h，最低纯钻功效为0.21m/h，平均功效为3.6m/h。

2. 正式成槽施工

◆ 总体成槽顺序

总体顺序是建筑隔墙地连墙，再建筑靠江侧基坑外围地连墙，最后建筑背江侧外围地连墙。先建筑Ⅰ期槽，再建筑Ⅱ期槽，从北侧P6#槽开始第一个槽段施工，然后向两侧依次进行Ⅰ期槽施工。当相邻两Ⅰ期槽强度达80%时，开始进行其间的Ⅱ期槽施工。对于单个槽段，特殊Ⅰ期槽采用五铣成槽，其余Ⅰ期槽采用三铣成槽。

◆ Ⅰ期槽段施工

Ⅰ期槽段采用三铣成槽方式（见图3），并采用8台冲击钻机配合铣槽机成槽。槽孔基岩面以上覆盖层采用铣槽机铣削。第一、二铣点基岩先用冲击钻破碎，然后用铣槽机修孔。第三铣点基岩直接用铣槽机铣削。槽段清孔换浆直接采用铣槽机进行。

图2 试验槽铣槽作业

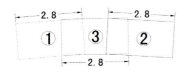

三铣成槽

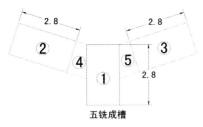

五铣成槽

图3 I期槽铣削顺序图

◆ II期槽段施工

II期槽段采用一铣成槽方式，并采用冲击钻机配合铣槽机成槽。槽孔基岩面以上覆盖层采用铣槽机铣削。基岩先采用冲击钻破碎，然后用铣槽机修孔。II期槽段与I期槽段之间采用铣接头连接，即通过铣槽机直接铣削I期槽段两端预留的素混凝土。

◆ "Y"形槽段施工

"Y"形槽属于I期特殊槽段（图4），位于隔墙与外墙交接处。"Y"形槽平面尺寸及形式如图4所示。"Y"形槽段采用五铣成槽方式，并采用多台冲击钻机配合铣槽机成槽。槽孔基岩面以上覆盖层采用铣槽机铣削。基岩先采用冲击钻破碎，然后用铣槽机修孔。

3. 地连墙成孔成槽评价

◆ 成孔评价

南锚地连墙于2009年3月21日开工，2009年7月16日完工，比预定工期提前4天完成65个槽段的施工。在整个施工过程中槽壁始终保持稳定，地连墙处于安全、稳定、快速、优质的可控状态。经检测，地连墙槽段轴线偏位、倾斜度、外形尺寸、灌注前沉渣厚度等控制质量均符合设计和规范要求。成槽指标与设计对比见表1。

◆ 成槽总体评价

南锚碇地连墙施工的同时，在钢筋笼内预留墙底帷幕灌浆管（$\phi 108 \times 5$mm钢管），利用灌浆管进行地连墙超声波无损检测。南锚碇地连墙65个槽段经超声波检测表明，所有槽段均为I类槽段。地连墙施工完成后，南锚基坑进行了抽水试验，试验结果表明，基坑日渗水量150m^3，小于以前类似桥梁地连墙基坑日渗水量。地连墙经帷幕灌浆施工，基坑开挖过程中槽底基本无渗漏现象。

成孔成槽作业是地连墙施工的中心环节，是保证后续深基坑安全开挖的基础，是南锚碇工程质量控制的关键工序。地连墙成孔的质量控制主要依靠关键设备的投入和管理，BC-32液压铣槽机在南京四桥南锚碇地连墙施工的成功运用，改变了以往在国内主要由国外公司进行桥梁地连墙施工的局面，培养了一支国内熟悉地连墙的专业队伍，为以后大型桥梁、水利、建筑等工程地连墙施工提供了设备和关键技术保障。■

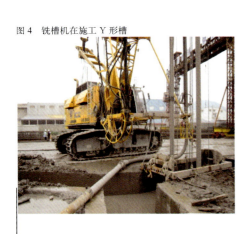

图4 铣槽机在施工Y形槽

I期槽共33个槽段				
检查项目	设计值	最大值	最小值	平均值
轴线偏位	30mm	26	0	10.5
倾斜度	≥1/200	1/800	1/4000	1/1800
沉渣厚度	≤150mm	100	10	47.3
外形尺寸	+30,0	20	0	7.6
高程	±10mm(3.2m)	9	-9	-1.2
II期槽共33个槽段				
检查项目	设计值	最大值	最小值	平均值
轴线偏位	30mm	27	0	10.9
倾斜度	≥1/200	1/1000	1/4000	1/2000
沉渣厚度	≤150mm	120	10	53.7
外形尺寸	+30,0	21	0	9.8
高程	±10mm(3.2m)	8	-9	-0.4

青岛海湾大桥吊具

吊具
——海上桥梁施工的"多面手"

文/王炜 高峰

青岛海湾大桥钢箱梁大节段的安装方式为国内首创，其安装效率也为国内领先。鲜为人知的是，为了顺利完成钢箱梁大节段安装，在施工过程中应运而生的吊具功不可没。

青岛海湾大桥的钢箱梁节段，最长为72m，重达1075t，是国内目前最大吨位的钢箱梁。而当时的吊具只能通过使用固定吊点来进行混凝土梁的吊装，无法满足这一大吨位的钢箱梁吊装要求。为此，设计单位专门研制了可以满足不同需求的吊具，它不仅可将超大节段钢箱梁一次吊装到位，而且可以根据不同的吊点进行变化，满足不同类型钢箱梁的吊装要求。同时，它还能够配合大节段钢箱梁在起吊安装时纵横调整桥向坡度，安装操作方便，吊装速度也大大加快，从吊梁到吊装到位仅用3～4个小时就可完成。

吊具设计与性能

青岛海湾大桥的钢箱梁，根据节段架设分为分幅梁和整幅梁两种类型。考虑其梁段的种类不同，重心位置难以确定，因此，在吊具设计之初，设计人员采用了SolidWorks和ANSYS三维软件对梁段的重心进行计算，得到其相对准确的位置，并将吊具设计为两组：分幅梁吊具和整幅梁吊具。这不仅兼顾了吊具的通用性，而且避免了重复设计，节省了成本。

1. 分幅梁吊具

由于分幅梁的结构只为大桥同一梁段的半边，且各个小梁段在顺桥向单位距离上的重量基本相同，这就决定了其在顺桥向的中心位置容易确定。但在横桥向，两端截面不规则，重心位置难以确定。因此，分幅梁吊具采用主梁、平衡梁、分配梁、三角结构以及索具组成的逐级分配受力的结构型式，每一级都对相应的结构受力进行平衡，使之最大程度达到稳定。

分幅梁吊具的主梁由两根箱形鱼腹梁组成。由于梁段的顺桥方向长度不同，梁上焊有按梁段长度定制的8组法兰座，以安装分配结构。主梁上的连接桥与吊挂梁通过铰轴连接，实现两点变一点的转换，另外两个吊点以托梁的形式与主梁连接。

分配梁是主梁以下的第一级受力平衡结构，梁段中心位置为偏距结构，销轴中心与法兰座中心线的距离不同，从而使整个吊具的重心与梁段重心重合。

吊具的扁担梁为鱼腹梁结构，它是次一级受力平衡结构，与分配梁共同通过钢丝绳索具连接，通过转向拉板和第三级受力平衡结构——三角挂板相连接，最后再与钢梁上的吊点通过无接头索具连接。扁担梁上用于挂接三角板的孔距也分为三种形式，以适应吊点顺桥向布置间距的不同要求。

2. 整幅梁吊具

对于整幅梁，其横桥向结构对称，但顺桥向宽度不同。最大节段重量为981t，宽度21m；最小节段重量为791t，宽度仅为8.9m。因此，整幅梁吊具在设计上借鉴了日本濑户大桥双钩起吊的经验：使用2600t吊船的两个前钩进行吊装，节段仍旧采用8个吊点。

整幅梁吊具的主梁采用框架式结构，由横梁和纵梁组成；分配梁则设计为长鱼腹梁，横跨在主梁的两个长边之上；扁担梁为小鱼腹梁，使三角挂板直接挂在扁担梁上，并和索具一起成为分幅梁的通用结构。8个吊点通过4个扁担梁进行均衡后，通过分配梁传递给主梁。

根据需要，分配梁可以在主梁上纵向移动，并安装有与主梁上的定位销轴孔相对应的定位座。由于整幅梁上吊点的分布与分幅梁方向不同，因此，三角板不需要调整方向即可与吊点配合。而分配梁下的扁担梁取消了转向拉板，直接把三角板与扁担梁连接。扁担梁通过钢丝绳再与分配梁挂接，最后与钢梁吊点挂接。

整幅梁采取的这种结构，使吊装中仅在两吊钩的受力上产生差异，梁的纵向稳定性和横向稳定性都能得到最大的保证，使吊装得以顺利进行。

吊具的应用及展望

分幅梁的起吊采用了四钩起吊方案。其中，吊船同一吊臂的两个吊钩，通过索具吊挂起平衡梁，并通过销轴与主梁上的一个连接点连接，使之转化为吊起主梁的一点；而吊船上另外一个吊臂的两个吊钩与托梁的两点相连接，从而托起主梁，实现了四钩三吊点起吊。这样大大增加了吊具的稳定性，避免了在吊装中产生侧偏等不稳定情况。

对于不同长度的分幅梁段，主梁上的法兰座便发挥了它的作用。通过调整分配结构与法兰座结构的配对位置，可以实现钢梁吊点的纵向调整。同时，每组法兰座都预留了两排有一定位移的螺栓孔，当横桥向重心有变化时，通过错孔安装，可以实现不同的钢梁重心与吊点的横向微调。当钢梁上吊点间距不同时，可以调整三角拉板在扁担梁上的位置，从而使之适应所有的分幅梁段。

对于整幅梁，它采用了两钩四点吊装。因为顺桥向的长度不同，因此可将整幅梁吊具的分配梁在纵梁上滑动，以适应不同梁段的吊装要求。为了确定分配梁的位置，设计人员在纵梁上设有定位销孔，可以根据不同的梁段将分配梁移动到主梁相应的销孔处，并在定位后用销轴固定装配在一起。之后，再将扁担梁与三角板的组合件通过索具挂接到分配梁上，与钢梁吊挂在一起后，便可保证吊装的稳定性。

以上几个应用特点不仅保证了吊装的稳定性，而且使吊具在使用过程中具有可变性和通用性，满足了多种不同的施工需求。

桥梁施工对桥梁装备机械提出了更高的要求，促进了其向更精、更广、满足多种需求的方向发展；同时，桥梁装备机械的不断发展也提高了桥梁施工的水平。该吊具不仅可以根据不同吊点进行变化，以满足不同类型或超大节段钢箱梁吊装需求，而且安装迅速，为施工节省了宝贵的工期，更为相同梁段的吊具设计提供了宝贵的经验，在桥梁施工中发挥了关键作用。■

架设公铁两用桥的顶推设备

文/周正旸 刘剑峰

郑州黄河公铁两用桥（以下简称郑黄桥），是京广铁路客运专线与河南中原黄河公路大桥共同跨越黄河的特大公铁两用桥，下部为双线客运专线，上部为六车道公路。其公铁合建部分长达9177m，主桥部分有5个桥墩，间距168m。郑黄桥主桥钢梁分两联布置，总长1684m。由于黄河通航条件的限制，大型起重船难以进驻现场进行施工作业，按照传统施工方式，须在桥墩之间架设临时桥墩，待桥体建成后再将其拆除。但是，架设临时桥墩会增加建桥成本，因此，如何在如此宽的水面上进行钢桁梁架设，成了大桥施工的难题。

大跨度的多点同步顶推工法

为保证大桥施工的顺利进行，大桥项目技术人员使用了大跨度空间钢桁梁多点同步顶推架设技术，即在黄河南岸架设好拼装支架，循环拼装钢梁桥体，在支架上拼装好导梁和钢桁梁杆件，然后从南向北依次循环拼装，对钢梁进行多点同步顶推施工。该架设方法不仅能大大缩短主桥施工工期，而且也能起到很好的环境保护作用。

装备与工法

顶推工法是桥梁架设的传统工法，它利用了钢桁梁的可拼装性，在桥一端的拼装平台上将钢梁进行逐段拼装，然后通过水平液压千斤顶的顶推力，使钢梁整体过孔落位，完成架设。该工法一般应用于跨越既有线路或河谷的小跨度桥梁，总重较轻。郑黄桥钢梁采用的三主桁、空间斜边桁和边主桁断面为平行四边形，制造工艺新，安装难度大。需要顶推的第一联钢桁梁总长为120m+5×168m+120m，共计1080m。因此，要完成如此艰巨的作业任务，需要有一个先进的顶推设备作为保证。

郑黄桥的顶推设备由连续千斤顶、液压泵站和控制系统组成。其工作原理是在每一个桥墩的上下游分别布置两台连续千斤顶及相应的液压站，利用两级计算机总线通信进行自动控制，做到多台千斤顶同步连续顶推。

先进的顶推设备控制系统

郑黄桥顶推设备的核心是先进的控制系统，它保证了多个千斤顶和液压泵同步完成作业。该控制系统采用了"主控单元—总线通信—现场控制单元"的多级计算机结构。

主控单元包括主控计算机（上位机）、主控接口单元和主控操作单元，用于采集主控操作指令，对整个系统的信号进行集中处理。两组钢桁梁位移编码器直接连接在主控接口单元上，用于两侧顶推的同步控制。

现场控制单元共有七套，每套内含两台BML-C8051/CAN总线控制器（下位机）、两台BML-C8051/CAN总线驱动器、一套现场操作单元和千斤顶位移传感、油泵压力传感器等信号采集元件。现场控制单元通过CAN总线与主控计算机进行数据通信，接受主控计算机的控制指令，控制现场执行机构（如电磁阀）完成相应动作。现场控制单元同时采集现场数据，通过CAN总线传回主控计算机，由主控计算机完成对设备状态的监控，并自动实现对设备的安全保护。

全自动的顶推操作

在先进的控制系统的保证下，整个顶推作业过程能够实现高度的自动化。控制系统可以控制千斤顶进行单动操作、单个千斤顶连续操作、单侧千斤顶同步操作，最终实现两侧千斤顶同步操作。控制系统的主控单元将操作指令通过CAN总线发送给现场操控单元，现场控制单元由千斤顶位移信号获得千斤顶的即时速度。通过即时速度对油泵控制量的反馈，现场控制单元能够对顶推（回缩）的速度进行精确控制，使得千斤顶在不同状态（如顶推、慢速顶推、回缩等）下的实际速度保持一定的比例，从而确保顶推连续动作能够匀速、平稳地完成。当进行两侧同步顶推操作时，钢桁梁位移编码器（测长单元）将钢桁梁两侧的位移信号直接传入主控单元。在钢桁梁顶推的整个过程中，控制系统随时比较钢桁梁两侧的位移，当两侧位移之差接近最大允许值时，系统会降低位移较大一侧的最高同步顶推速度，以减小两侧位移之差，使钢桁梁两侧实现同步顶推。

在顶推操作过程中，液压站控制系统与同步拖拉控制系统相互独立，但液压站启动信号通过各现场控制单元进入同步拖拉控制系统，通过CAN总线在主控显示屏上显示出来，为操作者提供参考。在主控操作单元上设置了液压站急停按钮，当有紧急情况时可通过该按钮遥控液压站紧急制动。另外，主控单元及现场控制单元均具有自检、误操作保护等功能，当系统运行故障或执行安全保护时，主控单元显示屏会显示报警提示，并且指示故障原因。主控单元及现场控制单元均设有状态显示设备，现场控制单元随时将现场状态数据通过CAN总线发送到主控单元，并由主控显示屏显示出来。这样，顶推操作的安全性便得到了充分的保证。■

总线控制器

360°全回转拱上架梁起重机

■ 文/许 俊 周曙光

带有回转支承可360°全回转工作的拱上架梁起重机，除了满足桥梁边跨平直梁和主跨拱梁的架设外，无需辅助起重设备就可回转到起重机后区，进行起重机后侧塔架锚箱的安装及自移轨道的转运工作。

人性化设计

首先，该起重机前支点采用两个刚性支点加一个柔性恒力支点的三支点工作模式，有效地分散了起重机前横梁的受力，使得起重机的结构变得更加轻巧。其中，柔性支点采用蓄能器来维持液压系统的恒压工作，并采用了叠加式单向阀来进行油压闭锁。在使用过程中只需定期检查蓄能器的工作压力及对蓄能器的泄漏进行补油，而不需将整个液压系统一直通电工作。该系统的成功运用，使得起重机的操作更加简单、系统工作寿命更长，安全性更高。

第二，它具有双重安全保障系统。包括：力矩限制器及风速仪组成的安全监控系统；各极限位置限动组成的保障措施：棘轮停止器、转台锁定、支承油缸液压锁加机械锁、前（后）锚固机械锁定。这几套装置组成了该机可靠的安全系统。

第三，在架梁时不挂配重，只靠强大的回转支承即可维持上车平衡，靠锚钩提供拉反力来维持整机的平衡。在不工作状态下靠自身的重量就可维持整机的平衡。

第四，主钩及副钩均采用了不旋转钢丝绳外加防转套的工作模式，有效地防止了大起升高度下的吊钩钢丝绳缠绕旋转。

最后，主钩取力采用了安装有销轴传感器的三滑轮取力机构，更加精确，作业安全可靠，使用维护也更加方便。

便捷式施工

传统的拱上架梁起重机采用的是上部桅杆起重机的模式，工作时受后拉杆限制，作业范围仅仅局限于起重机正前方的±90°范围内。这种起重机只能满足起重机前方钢梁的架设工作，像重庆朝天门大桥80t架梁起重机、万州长江大桥70t架梁起重机都是此种机型。

为解决这种局限性，在南京大胜关长江大桥的架设过程中，根据施工要求设计了一种在机体后部加装小型吊机辅助后侧吊装的70t爬坡式架梁起重机，该机型为后方作业提供了一定的便利。但后方吊臂设计简单，作业范围小、起重量小，不能从根本上满足起重机后方吊装的需要及自身轨道前移工作需要。

而专为东平水道大桥设计的可爬坡式全回转拱上架梁起重机彻底解决了上述局限性，起重机上部设计成了全回转起重机工作模式，主钩可以满足起重机前方钢梁的正常架设工作，副钩可以360°全回转进行辅助工作，可独立完成起重机后区塔架锚箱的安装、起重机本身自移轨道的转运。

通俗来讲，以走行轨道为例，起重机在钢拱上架梁时，需在钢桁上弦铺设走行轨道，每架设一个节段钢梁向前铺设一个节段的走行轨道。起重机轨道通常只设计成两个节间长度，起重机站位用一个节间长度，起重机后部一个节间长度。当完成前方一个节间的钢梁架设时，起重机需要将后方的轨道转运至前方去，以往的做法是靠人力转运或者利用起重机桁宽方向两侧的辅助葫芦来转运。但用人力转运首先是高空作业安全操作性不好，由于轨道基本上都是采用钢制铁轨配方枕木，所以每次转运投入人力太大，并且为保障安全，需要在钢梁顶部搭建足够多的安全通道。用起重机两侧的辅助葫芦转运只能够将起重机尾部的一小节轨道转运至起重机前走行轮位置，还是需要靠人力或者在钢梁上利用手链葫芦向前拖拽的方式铺进。而360°全回转拱上架梁起重机具有全回转工作的功能，可以直接回转到起重机后部将轨道每两小节一次直接转运至前方钢梁上弦相应位置铺设，而不需要人力或辅助吊机来帮忙转运轨道。对于全回转起重机来说，后方的其他吊装工作也是如此简单、便捷。

发展和应用

随着桥梁建设事业的发展，桥梁的美学景观作用也越发重要，类似钢拱桁梁这样的桥梁也会越来越多。东平水道大桥拱上架梁起重机的成功使用，为类似钢梁的架设又提供了一种更新颖更先进的架架设备，推进了桥梁施工设备走向自动化、智能化。这也为今后设计更大型的同类型起重机提供了借鉴。在今后的钢管拱桥设计施工中，全回转起重机的实际应用会更加普遍。

可观的经济效益

东平水道大桥起重机采用的设计理念降低了制造成本，而全回转机构的应用，使其可以在项目完工后，经过简易改造，便可为其他桥梁施工继续服务，亦可改造成船用起重机、码头吊机、墩旁吊机、货场吊机等继续为社会服务，经济效益显著。■

全回转拱上架梁起重机

改造后的提梁机

高速铁路提梁巨手的多变式改造

■ 文/熊 壮 荆巍松 周曙光

在高速铁路桥梁建设中,提梁机是预制箱梁现场架设施工中不可缺少的工具。简单的说,提梁机就是一种在制梁台座与存梁台座、存梁台座与运梁车之间挪移预制箱梁的起重机。2006年之前,由于多方面原因,国产提梁机无法较好地满足市场需求,因此提梁机主要还是依赖于进口,这给我国高速铁路的建设带来很大的制约。而价格高昂的进口提梁机给工程预算造成了很大压力,一定程度上延缓了我国高速铁路的发展。

南京大胜关900t提梁机的适用性改造

目前高速铁路桥梁已经淘汰了传统的T形简支梁和一系列的传统桥梁型式。取而代之的是双（单）线箱梁桥。武汉天兴洲长江大桥是四线双箱梁，南京大胜关长江大桥是六线双箱梁，通用的32m箱梁重达900t。南京大胜关长江大桥的提梁装备最先采用的是进口900t轮胎式提梁机。该提梁机为传统的单门架单主梁结构，特点是结构合理，重量相对较轻，运行成本低，能够实现直行、横行和斜行转向。但在现场吊装中，不难发现存在着诸多的局限性。

首先，该机型只能进行横向吊装。箱梁必须放到固定的位置，给提梁机留下足够的走行空间，才能让提梁机平行移动到钢梁的正上方，最后进行吊装。这种吊装方式对场地的要求很高，在一些狭小的现场无法灵活的转向和走行。其次，该机型在配合运梁设备进行作业时，对运梁设备的长度有严格的限制。与其配套使用的运梁台车整车长度就有42m，而专为32m箱梁吊装设计的900t提梁机跨度远远达不到要求。在国外有专门设计和900t提梁机配套使用的短车身的运梁车，但在国内，几个大型的900t运梁车生产厂商生产的运梁车车身长度都在40～42m，单门式提梁机无法对国产的900t运梁车进行装卸。重新购买进口提梁机成本较高，因此针对该机的改造必不可少。

在改造过程中，要考虑两方面的因素：第一是要跨度达到42m长的900t运梁车的要求，第二是要考虑场地因素及提梁机的灵活性。结合大胜关各梁场实际情况，通过收集国内外提梁设备的相关资料，施工方提出了针对该机的适用性改造：将整机结构由单门架式改造成双门架式，这样在受力方式上更加均衡合理。支腿门式结构带来的最大好处是提梁机在和运梁车配套使用的时候，可以让运梁台车从提梁机底部纵向驶入，免除了一系列定位操作，提高了吊装精度和吊装效率。此外，该机型极大地方便了在狭小的场地作业，整机不需要大角度的转向就能满足大部分的吊装需求。

铁路桥梁大型起重运输设备的特殊性

与一般通用起重机械不同，铁路桥梁大型起重运输机械的特殊性如下：

首先，型式特殊。目前，在起重机手册中还没有类似型式的起重运输设备。大型箱梁架、运输设备设计是根据铁路客运专线特殊用途进行的，并且是随着近年来铁路建设跨越式发展而创新研发的；

第二，额定起重量大。额定起重量900吨级，在陆地大范围转场、移动施工的起重机械中是少有的；

第三，外形尺寸大，工作方式特殊；

第四，单件生产，制造周期长；

第五，动作复杂，安全要求高，设计难度大。由于行业的特殊性，对起重设备有特殊要求，因而设计中会出现超出标准、规范的状况；

第六，载荷变化小。客运专线运、架、搬、提设备起吊的对象单一，混凝土梁片的重量误差不超过5%左右，这一点与通用起重设备负荷变化剧烈明显不同。

国产900t提梁机的多变式发展

铁路桥梁大型起重设备的特殊性也对国产900t提梁机的设计提出了特殊要求，那就是适用性。在客运专线建设初期，梁场还全部采用轮轨式提梁机，当积累一定经验后，发现轮胎式提梁机有动作范围大、不受轨道限制的优点，进而在梁场设备的选型与应用中，根据施工情况，轮胎式提梁机的运用越来越广泛，市场需求也在不断加大。近些年来，由于国家加大对高速铁路客运专线的投入，哈大、石武、武广、京津、合宁、郑西、广深港铁路客运专线相继开工，900t提梁机的设计生产呈多元爆炸式迅猛发展，其适用性得到了进一步加强。最明显的是出现了可变跨式的900t提梁机。

该机的主要特点是整机主要由轮胎驱动小车装置、可变跨双门架、双主梁金属结构、起重小车、动力装置、液压系统以及电气系统等组成。其双主梁结构，在水平面内有良好的抗扭性能。可变跨双门架结构，兼顾运梁车纵向驶入的需求，同时对梁体宽度不再做最小限制，必要时双门架跨度可适当加大，以满足翼缘宽度的箱梁装卸，在场地狭小或暂停施工的时候可将跨度缩小，以节省空间，提高施工效率。

在轮轨式提梁机中，也有一种由两台450t龙门吊组成的。此种形式的提梁机作业时2台龙门吊同时、同步运行吊梁、装梁，适用于在没有路基的地段架设最初的箱梁和拼装架桥机，以及在没有施工便道上桥的条件下将运梁车吊到桥面上。

国内还有针对2×450t轮轨式提梁机的改良：2×500t可换向轮轨式提梁机。此机型采用单立柱下分岔人字形支腿的结构形式，可以通过调整直立变截面柱的长度调节高度，方便变高、变跨作业，对作业环境的适应能力强，适用范围广。提梁机总体技术方案合理、先进，安全性、经济性等指标均达到较高水平。

国产900t提梁机改造的意义

目前，已建或在建的高速铁路客运专线中，桥梁占到了相当大的比例，特定地区甚至占到了总长度的一半以上。高速铁路对桥梁提出了高稳定、高安全性的要求。而作为目前提运大型箱梁专用的900t提梁机，市场前景依然非常广阔。国产900t提梁机采取了多变式设计，在对大型箱梁的提运过程中不断地改进，同时在起吊高度、安全性、便捷施工、成本上进行不断地革新，适应不同的工法与地形，满足项目施工中越来越苛刻的要求。它的采用又促进了施工工法的不断改进，甚至影响到铁路桥梁设计理念的更新，并使施工设备随之进入新一轮的创新提高，形成一个螺旋循环式的发展提高过程。■

双门架式提梁机

装备与工法

漂移的工厂
——"大桥海天"系列混凝土工作船

■ 文/李明松 高 武

水上施工，无论是桥梁建设，还是码头或其他水工项目，都离不开不同强度等级的混凝土。20世纪70～80年代乃至90年代，水上混凝土施工基本上都是各施工单位在多艘工程驳船上安装各种临时性的混凝土设备生产，再通过水上浮吊输送。仅以武汉长江二桥10号墩封底为例，当时就集中了5艘800t工程驳船作为混凝土工厂，4艘500t的沙石驳船储存骨料，3艘30t浮船进行输送的庞大的水上混凝土施工阵容。

随着科技的发展，20世纪90年代中期，水上混凝土工作船出现在水上施工中。进入21世纪，这种工作船被很多建设单位购置，成为水上混凝土施工的主力军。

"大桥海天"系列混凝土工作船，是为适应目前国内建桥市场、开发国际建桥市场而打造的大型工程船舶。目前共装备4艘，总资产1.3亿多元人民币。

作为"漂移"在水面上的混凝土制造和输送工厂，这些船舶先后参加了东海大桥、南京大胜关大桥、马鞍山大桥、安庆大桥等大型桥梁的水上不同等级强度的混凝土施工。

混凝土工作船从物料的装载、储存到混凝土搅拌和输送，都是由计算机编程控制、相应机械设备来完成的。相比其他水上混凝土施工临时设施，具有安全、高效、快速、计量标准、自动化程度高等优点。

以"大桥海天"2号混凝土工作船为例，船长为72m，宽为21.7m，型深为4.8m，满载吃水3.5m，排水量3569t。根据船舶适航海域规范规定，船舶性能为近海工程船舶，也可以进入长江及其他内河水域，满足内河A、B航区及沿海航区风力7级及其以下的各种条件下施工需要。

船舶机械设备按照用途划分，可分为动力系统——如轮机部（主要提供混凝土系统动力源、甲板机械动力源、液压系统动力源、起重机动力源等）、锚碇系统（锚机、锚绳、导览钳、锚等）、物料装载储藏系统、混凝土搅拌和输送系统、消防救生系统等。其中混凝土搅拌和输送系统为该船舶的核心系统。

动力系统主要是3台功率为250kW的主发电机和一台功率为90kW的副发电机，由康明斯NTA855-D(M)和上柴D683ZCFB型柴油机带动。

混凝土搅拌机，型号为南方路机制造的JS2000D1，生产量2m³/台次，设置两条混凝土生产线。其控制系统采用一台主控计算机与一台辅助计算机结合方式，既可相互联系又可独立，从而保证了生产过程中当某一台计算机出现故障时，另一台也能控制生产。由于采用了计算机自动控制系统，在混凝土生产过程中，南方路机搅拌系统在正常情况下无需任何人为操作，即可实现全自动化生产。

混凝土输送系统由三一重工制造，主要有HBT100C拖泵和09HGC系列布料杆组成。拖泵由132kW电动机作为动力源，最大理论产量为100m³/h；布料杆采用液压动力，最大工作半径为42m。泵送的混凝土灌注施工点，可经布料杆到达其工作半径范围内任何需要浇注的部位。此系统还可针对不同混凝土与不同的浇注位置，实现泵送低压高排量和高压低排量的切换。

搅拌系统与泵送系统具有150m³/h不同强度等级混凝土的生产能力。

物料装载储存系统，由两台5t电动起重机各配备3m³的抓斗，负责各种骨料的装载。2×504m³ + 336m³的料仓分别储存大小石子与黄砂；2×100t + 2×85t的全封闭水泥仓，2×70t + 2×50t的粉煤灰全封闭仓，采用真空泵，将各种粉料从运料船吸入相应的料仓进行储存。一次储存可满足1000m³的混凝土施工。

各种物料采用灵敏度高的拉式传感器保证配料精度，其配合比实现按照混凝土的不同强度等级，由专业人员输入计算机后，通过程序运算后，再控制拉式传感器完成各种物料门的开启和闭合顺序，以保证用料配比的标准计量控制。

需要特别说明的是，"大桥海天"系列所有的装备全是Made in China（中国制造），100%国产化。

与所有工程船舶一样，混凝土工作船具有船舶的共性。其施工是在水面上，防风防浪成为首要的考虑。为此，船舶配备了可靠的锚碇系统。"大桥海天"系列混凝土工作船所配备的4只5t海军锚，其抓力为锚身自重的12～16倍。与之匹配的4台DFYJA-250液压锚绞车，容绳量为绳径40mm×500m，它能在6级风力及以下的施工环境中完成施工作业。

混凝土工作船整个施工作业过程与其他工程船舶相同，从船舶定位开始，分为作业准备、混凝土生产和作业结束3大阶段，共有15道工序、34个环节、118个控制点。由于它采用了先进的机械设备，计算机智能控制，自动化程度高，生产的不同强度等级混凝土的质量也随之提高，深受施工单位的欢迎。

混凝土工作船由原来的10余艘船舶长时间的集中作业方式，变为了现在一艘船舶就可以独立完成，大幅度地降低机械设备投入的同时，还避免了因施工时工程船舶占用水域面积大，影响有效航道正常运行的问题，产生一定的社会效益。

混凝土工作船在减少施工作业人员的同时，还降低了操作人员的劳动强度，作业速度也大幅度加快。仍以"海天2号"混凝土工作船为例，全船现有的23名船员，就可以完成从船舶定位到整个施工作业结束的全部程序。标号C30的632m³水下混凝土，单船在6h内即可完成。

自2009年9月开始，"大桥海天"系列混凝土工作船先后在马鞍山长江公路大桥、安庆宁安城际高速铁路长江大桥工程中进行水上施工。截至2010年6月30日，共完成马鞍山大桥水中中墩，安庆大桥3号4号墩封底、桩基、承台、塔座和墩身等不同强度等级的水下混凝土116176.1m³，为今后近海施工积累了宝贵的经验。■

桥面吊机
——用于大跨悬索桥悬臂钢梁的架设

文/刘 明

桥面吊机对悬臂钢梁的架设,可以解决在狭窄不通航地区钢桁梁架设的技术难题,为大跨钢桁加劲梁悬索桥的设计和施工提供一种新的方法。

桥面吊机吊重试验

桥面吊机第三节间的站位

已架设钢桁梁及中间桥面板

工程概况

坝陵河特大桥桥长1564m、主跨1088m，桥面至常水位约370m，是大跨径钢桁加劲梁悬索桥。大桥东接壮美的黄果树大瀑布、西临三国索马古道，南毗神秘的红岩天书，北靠滴水滩瀑布。建成后为黄果树风景区的又添一道举世瞩目的风景，被称为"世界山地桥梁之最"。坝陵河大桥主桥上部构造采用的钢桁加劲梁是由钢桁架和正交异性桥面板组成。全桥共有100个桁梁节间（每个节间长10.8m、宽28m、高10m、重92.7t，共分50个吊装节段）1000块桥面板（每块长10.8m、宽2.6m、重8t）。

架设方案的选择

一般而言，大跨径悬索桥的钢加劲梁安装基本采用以下两种方式：一是缆索吊装，二是跨缆吊机安装。缆索吊装由于吊装能力的限制及成本考虑，一般多用于中、小跨径的悬索桥。其特点是钢桁梁及桥面板分别在工地现场拼装成整体吊装节段，然后采用卷扬机等缆索系统进行牵引、提升、安装就位。北盘江大桥就采用了缆索吊机架设的方法。跨缆吊机施工就是将钢箱梁安装节段在桥位附近拼装、焊接好，用浮船运至桥下，采用跨缆吊机提升就位进行安装，即"船舶就位、垂直起吊"。阳逻长江大桥采用了跨缆吊机进行架设。

坝陵河大桥因桥位处地势陡峭，场地狭窄，没有钢桁梁整体吊装节段的拼装场地，桥下河流不具备通航条件，加之大桥跨径大，起吊重量大，缆索吊装及跨缆机吊装方案不经济，只有采用桥面吊机进行钢桁加劲梁架设，这是我国首次在大跨度悬索桥的施工上采用桥面吊机。除前三节间采用"地面拼装、整体提升、后移就位"的方案架设，其余吊装节段均采用桥面吊机施工。

桥面吊机施工工法介绍

坝陵河大桥钢桁加劲梁架设工法为：先在两岸拼装场地进行钢桁梁桁片的拼装后，由运梁小车运至桥面吊机附近，桥面吊机从后部取梁回转到前方，从东西两岸主塔向跨中逐段安装，并同时安装中央侧钢桥面板。跨中合龙后，桥面吊机后退时安装边侧桥面板。

在引桥位组装桥面吊机，并进行型式试验，合格并取证后正式投入使用。

尾部喂梁

装备与工法

两岸主塔前三节间采用"地面拼装、整体提升、后移就位"的方案架设就位后，桥面吊机从安装位步履走行到第三节间，开始架设钢桁梁，中间桥面板也同时架设。每次架设两个节间，每架完一个节段后，桥面吊机再走行到已架设的节段站好位，完成下一节段的架设。

钢梁在拼梁场地拼成桁片后，由运梁平车驮运到吊机尾部，吊机再从尾部取梁回转到前方架设。

为避开主缆，从第12节段至第19节段采用L型吊具吊装，第20至第26节段采用C型吊具吊装。

主桥合龙后，吊机回撤时，吊装两侧桥面板。

桥面吊机的技术特点

坝陵河大桥桥面吊机为单臂架全回转式安装型起重机，主要工作机构有主起升机构、副起升机构、变幅及补偿机构、回转机构、步履走行机构和锚固机构等。传动方式为电－机械传动，控制方便，造价适中，维护简单。本吊机主钩额定起重量70t，最大工作幅度35m，起升高度为30m，典型起重工况为70t×22m时360°全回转；副钩额定起重量15t，重量138t。其主要技术特点如下：

◆采用悬挂式轨道梁的步履式移动系统，一次移动距离为钢桁梁的一个节间10.8m，且具有纵向坡度8°的爬坡能力，同时在轨道支撑上采用可伸缩的球形铰座，以实现起重机纵向折线走行的要求。

◆本机采用卷筒水平位移补偿系统，在变幅过程中不仅水平性能好，变幅功率小，而且也改善了操作性能和安全性能。

◆在起重机走行到位后，完成起重机的调平，并进行锚定后才可进行起吊作业。

◆吊机从东西两岸主塔向跨中方向逐段安装钢桁梁，同时安装中央桥面板。钢桁梁合拢后，桥面吊机后退，同时逐步安装两侧桥面板。桥面后侧来料。

◆在安装中部主桁梁时，为避开主缆的影响，设计L、C型专用吊具。

◆起升机构、变幅及补偿机构、回转机构均采用交流变频电动机驱动，可在较大范围内进行无级或有级调速，既能保证重载工况下的平稳和准确对位，又可提高空载及轻载工况时的工作效率。

采用桥面吊机施工的优点总结

采用桥面吊机施工有性价比高、安装速度快、实用价值大、重复利用率高等优点。

性价比高。本桥采用桥面吊机安装，技术设计、设备制造全部是由国内桥梁设备制造商自行研发，设备经济、适用、可靠，可重复利用率高，相比缆索吊装方案更加节省成本。

安装速度快。节段吊装速度最快为4.5天，平均为8天。日本施工相同跨径的桥梁需要8年～12年，准备工作要30年。而本桥从开工到合龙只用了4年时间，5年之内就可以建成，工期比日本节约了一半以上。

实用价值大。利用桥面吊机从索塔处向跨中逐段拼装的技术，克服了桥下没有通航的河流运送大型桥梁部件的困难和起吊重量大、缆索吊装方案不经济等难题，为今后大跨度悬索桥的设计、施工提供了工程实例和技术支持。

重复利用率高，经济效益明显。可对桥面吊机回转支承以下的底盘系统进行改造，以适应不同桥梁的站位。如坝陵河桥面吊机通过对底盘的改造后，又成功应用于武汉二七长江大桥的施工。

L型吊具施工

C型吊具施工

主桥合拢段架设

600米弯道施工显身手
——ZQM1000移动模架造桥机

■ 文/柯长军 魏红珠 周曙光

公路及铁路桥梁利用移动模架施工是一种成熟的工法，但新疆赛果高速公路果子沟展线桥600m弯道利用移动模架施工在国内尚属首次。

工程概况

ZQM1000移动模架造桥机是为中交二航局新疆赛果高速公路果子沟展线桥连续箱梁施工而设计的。

"金山东畔阴山西，千岩万壑横深溪。溪边乱石当道卧，古今不许通轮蹄。"展线大桥位于天山腹地的将军沟，全长1200m，是赛果高速项目的关键性工程之一，施工环境艰苦，施工难度大。

施工区域主要有以下特点：S形曲线转弯半径小，施工区域为水平曲线600m弯道；纵横坡变化大，横坡4%、纵坡4%；箱梁刚性旋转超高，混凝土箱梁是"柳叶形"；墩身变化大；最高墩达到60m。

ZQM1000移动模架设计理念

为确保移动模架完成该区域的施工任务，在设计时就充分考虑了多方面因素。

为解决S形曲线转弯半径小的问题，主梁与前导梁接头设计为铰接，同时利用平转油缸可满足6°平转，使两组前导梁距墩身距离一致；在导梁旋转过程中，考虑横向稳定性的变化，在箱梁的侧面增设活动配重；前扁担与前导梁连接设计为铰接，前扁担与导梁之间可进行转动和活动；为实现支腿自移及模架顺利完成600m弯道纵移，本机采用"三托架四吊挂"结构，满足支腿自行、模架纵移等系列工作。

针对横纵坡变化大的问题，在设计时考虑到以下因素：考虑纵坡对模架纵移及支腿自移影响，在台车上设置了纵移防滑装置及前后导梁设置预拱；模架在纵移时，考虑纵坡对台车的影响，在台车上设置高分子聚合物材料，比压大，摩擦系数小；在吊挂扁担的设计过程中，充分考虑横坡的扁担支点的影响；外模板设计采用2.85m一个标准节段，便于对模板线性的调整。

考虑到墩身及墩高的变化，墩旁托架考虑了多种工况的使用。

制梁过程

ZQM1000移动模架过孔包括脱模、支腿自移、模架横移、模架纵移、合模。

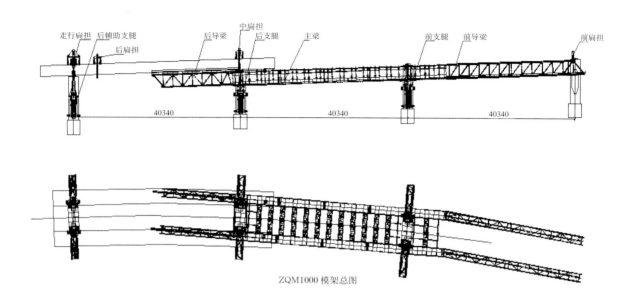

ZQM1000 模架总图

1. 脱模

做好脱模前的各项准备工作。解除端模，以及梁端底模与底模的连接；脱内模侧模板以便张拉。预应力张拉完成后可整体脱外模。通过操作 600t 支顶油缸，使模架主梁准确落位于支承台车滑道上。

2. 支腿自移

支腿自移的原理是相对运动，当支腿锁定在墩身上，模架行走系统工作时，纵、横移动均是相对于墩身运动。当支腿锁定打开、两侧为独立自由体时，模架锁定在已浇注的混凝土梁上，行走系统工作（纵、横、竖）可使支腿横向开合、纵向移动。

支腿自移是在模架脱模后，前扁担、中扁担、后扁担 3 个支点同时受力，将移动模架吊起的情况下进行。支腿自移的要点有模架脱模与悬挂、支腿悬挂、支腿横移、支腿前行、支腿合龙对接、顶升台车主千斤顶。

3. 模架的横移与纵移

待前、中、后三对支腿全部就位后，主千斤顶带动主梁继续下落至小车滑板上，拆除中扁担吊挂，拆除前扁担上的横向连接螺栓。利用后支腿和后辅助支腿横移油缸将模架两侧横向外移，前支腿的横移油缸处于自由状态，后支腿和后辅助支腿支承台车要保证同步横移。两组模架依次进行横移，带动主梁及模板横向打开。

模架纵移步骤：同时操作前后支腿单侧的两个纵移油缸，依次分别单边纵移，要求两组模架纵向误差控制在 600mm 以内。两侧分别顶推 20m，然后缓慢操作横移，专人观察后导梁轨道与后辅助支腿台车滑架接触情况。当后导梁轨道顺利脱离后，辅助支腿台车滑架继续纵移 1m 停下来。解除前、后支腿上支承台车滑架的转动限位，通过前支腿横移油缸调整使模架满足纵移要求。

纵移时，指派专人观察模架横联与墩身之间是否发生碰撞。通过在纵移过程中前支腿横移油缸调整，防止横联与墩身干涉，使模架纵移到位。

4. 合模

移动模架系统向前纵移至第二孔浇注位置，向内横移合模，连接横梁，主梁顶升至浇注位置。开始下一制梁循环程序，依次制梁。

结束语

ZQM1000 下承式移动模架造桥机的名称中，ZQM 代表移动模架造桥机，1000 代表所制箱梁最大重量为 1000t。ZQM1000 下承式移动模架造桥机采用桥面下支承，利用两组钢箱梁支承模板，通过模板开合、纵移、横移、支腿自移等功能，实现对混凝土梁原位现浇、逐孔成桥的施工工法。该造桥机具有操作简单、占用施工场地少、节约制架设备投资、造价相对低廉等特点。

ZQM1000 移动模架造桥机总体结构新颖、外形美观、重心低、稳定性好、适应性强、运行安全可靠、机械化、自动化程度较高。果子沟高难度展线桥的施工，工法填补了国内空白，解决了小弯道混凝土箱梁施工问题，为以后公路桥模架的设计、使用积累了经验。■

参考文献

[1] 中华人民共和国行业标准. JTJ 041-2000 公路桥涵施工技术规范. 北京：人民交通出版社，2000.

[2] 王金诺，于兰峰. 起重机运输机金属结构. 北京：中国铁道出版社，2002.

轻吊机稳抓万斤梁
——700吨整节段架梁吊机

■ 文/王少杰

武汉天兴洲大桥是世界上最大的公铁两用桥，是我国高速客运专线第一座跨越长江的桥梁，旅客列车设计行车速度200km/h。700t整节段拼装吊机正是针对该桥设计制造的大吨位特种架梁装备。

工程概况

从武汉长江大桥通车之后，几十年来铁路运输的需求量越来越大，以致该桥铁路运量始终处于超负荷的状态，修建新桥为其减负的呼声不绝于耳。

1. 大桥特点

"天兴洲大桥很早就着手规划了，从1992年开始，研究了很长时间，桥位早留好了。"据大桥的主要设计者、中铁大桥院总工高宗余回忆，天兴洲大桥筹划了十余载，历经整整一代人，可以说计划缜密周详、步步为营。十几年来，随着交通建设的发展，方案不断进行改进和升级——铁路扩线、货客分离、加入高铁……

大桥规划几经变身,高宗余用六个字概括了最终方案的鲜明特点——"大跨、高速、重载"。

说到"大跨",天兴洲大桥主跨达504m,在采用斜拉桥形式的公铁两用桥中,之前世界纪录由主跨490m的丹麦厄勒海峡大桥保持,如今这一殊荣被天兴洲大桥获得;所谓"高速",指的是铁路规划里加入了高铁建设;"重载"指的是大桥的荷载包括双向六车道的公路荷载和四线铁路荷载,而且铁路荷载中又包含了高铁荷载,一座桥上就有三种荷载。难怪方秦汉院士把铁路桥比作举重运动员。

2. 施工工法

这样的"大跨、高速、重载"大桥,采用哪种工法和需要什么样的架设装备才能实现呢?按照传统的方法,就是采用逐根杆件单独吊装的安装工艺,一根一根地吊上去,工人在梁上将螺栓逐个拧紧。看似简单的方法需要消耗相当大的人力,而且这种散拼的方式高空作业量大,存在安全隐患,同时也将拖延工期。

为尽可能减少施工风险、加快施工速度,设计者提出了将3片主桁拼装成一个节段同时架设,即将诸多杆件在工厂胎架上拼装成一个宽30m、高20m、重约700t的庞然大物,进行节段式起吊安装。

3. 装备难题

虽然有了架设思路,但是满足这种思路的装备——700t吊机能不能做出来成了问题。

吊机必须攻克两大技术难题。一个难题是三桁同时架设时,700t的重量再加上吊机的自重将会对桥梁形成巨大的作用力。因此,一定要在满足大吨位起吊要求的前提下,将吊机的自重降到最低。

第二个难题是这么多杆件同时连接,对于装备的平稳和精度要求特别高。吊机要有性能优良的纵向、横向对位调整装置,保证已成桥节段梁和待架节段梁的螺栓孔都能准确对位。

经验丰富的装备设计师接到任务后,很快就感觉到了压力。既要满足700t节段的提升架设,又要把装备设计得轻巧,这对结构优化和功能追求已经到了严苛的地步。

带着这些要求,武桥重工起重机研究所所长杜斌武带领团队,开始了700t架梁桥吊机整节段架设的技术研究。

通过对结构特性、自动化控制、起吊工艺、液压动力步履同步行走等多项关键技术进行全面攻关,最终设计师研发出能以"三吊点起吊"的超静定模式进行起吊,"变频调速同步控制系统—涡流制动系统"进行精确控制的装备。

"以前国内还没有钢桁梁整节段的架设先例,这些技术都是第一次应用。"参与装备设计的起重机研究所副所长刘振营表示,在装备做出来之后,他们还是有种种忧虑。能否实现三吊点超静定起吊,能否精确对位,结构刚度能否达到现场线形控制要求,这些都要在施工现场才能验证。

施工现场

1. 平稳起吊

开始架设时,所有人的心都提到了嗓子眼。当第一片节段稳稳吊起来后,所有装备设计者如释重负,因为这表示700t吊机最核心的三点超静定起吊技术成功了。吴元良介绍,吊机是刚性体,架设时在力学上属于超静定的结构。这样的话,力在三片主桁上的分配就不太均匀。三吊点超静定起吊的关键是采用三吊点速度同步控制和载荷比例控制技术,以保证三片主桁受力均衡。

尽管桥是刚性体,吊机也是刚性体,但是吊机对桥的力可以调,这样就保证了三片主桁承载同样的力。

2. 精确对位

起吊成功后,第二个问题就是能不能精确对位。梁段吊起后要进行对位调整,这方面的要求非常严格。这个调整不仅仅是吊梁时的三排吊点力的平衡,吊起的梁段也要精确对位后才能进行安装。

"吊起后的梁段和现有的梁段精确对位的难度很大,很多对位孔才30mm,差一点都不行。"吴元良表示这也是一个关键的技术。

在施工过程中,吊机始终稳拿稳放,作为设计方面代表的高宗余对装备非常满意,连说三个好。其中一个"好"就是夸吊机调整位置时的精确度高。"3片主桁要对9个点,上面3个点,下面3个点,中间斜杆上3个点。9个点要精确对位就必须能够进行调整位置,对位的精度必须严丝合缝。"高宗余将之称为一大亮点。这也是杜斌武、刘振营花费了很多心血研究的吊点平衡机构,这项技术获得了国家发明专利。

3. 结构轻巧

随着梁段一个一个加上去,杜斌武和刘振营对于结构是否过重的担心也打消了。

高宗余认为吊机做得非常轻巧。装备的轻巧对于施工意

武桥重工装备展示厅中700t整节段架梁吊机模型

义重大，过重的吊具会带来安全隐患。高宗余对于这一点也评了一个"好"字。对于工程技术人员而言，结构的优化设计是一个重要的理念。

虽然备受赞誉，杜斌武和刘振营仍然保持着清醒的头脑，他们总结了三个需要改进的地方：一是走行机构优化设计；二是机架可以采用高强度钢，使结构做得更加轻巧；第三点，吊点平衡机构得到成功的应用，但是成本比较高，经济性上有待提高。

4. 安全性高

"安全保险装置如同电梯保险一样，比如说万一停电了，摔下去是不得了的。"参与吊机设计的许俊表示，吊机在安全性上很有保障，配备了具有报警功能的荷载限制器、起升高度限位保护装置，也配备了工作涡流制动器和停车棘轮棘爪安全止动器。另外，为方便作业，吊机上还设置了4台视频监视器。这些都为装备的安全运行起到保驾护航的作用。

高宗余对这一点也评了一个好，称赞700t整节段架梁吊机是一个"三好"装备。施工单位也反馈意见，称赞三桁均衡受力做得好，几个主要技术指标都达到了，整个起吊过程很平稳，对位也很好。

发展方向

谈到吊机装备的未来发展，受访专家均表示，如果能保持优势、加大创新，那就能好上加好。

1. 精细化

进一步精细化，提高装备的结构协调性，是装备行业面临的共性问题。

许俊认为做到精细化不难，目前主要是受制于工期因素。"从设计到制造时间比较紧，如果有时间可以更细致，只有不断优化才有更好设计，工期安排上留给设备制造商的时间太少。"这样的"不是不能做，只是没有时间做"的说法已经不是第一次听到了。装备企业唯有练好内功，一方面提高设计人员的素质，使他们能快速机动反应，迅速提出合理化建议给业主参考；另一方面加快模块化建设，便于同类型的装备直接套用，形成设计的流程化。这样就可以挤出时间，提高设备的精细化程度。

2. 人性化

重视人性化，吊机施工操作要简便，标志要明显，也是装备业内普遍关注的问题。目前特种设备如何设计的人性化，并没有详细的规范可循。参与设计的高健建议，设备商统一操作模式，使装备如汽车一样，品牌不同，操作类似。这需要全行业形成统一的标准。

3. 轻巧化

保持轻巧化，减轻重量，优化结构。对于轻巧化，杜斌武和许俊呼吁从桥梁设计时就要充分了解桥梁的特点和架梁设备的使用工况，以便有针对性地设计出适应现场施工的设备。

高宗余提出了相同的建议，不过他认为由于市场因素，这一点很难做到。许俊表示设计师要有朴素的设计理念，对于整个结构设计要做到结构简单、受力合理、传力清晰，严格遵守起重机设计规范，充分考虑现场施工条件。

4. 环保化

据施工单位反映，目前很多装备漏油，污染桥面，浪费能源。对此，可采用先进的无焊接管系来解决。虽然制造成本比传统的焊接管系高一些，但后期服务成本很低，也不会对桥面造成污染，间接减少了施工成本。

5. 灵敏化

继续大力研发，使得装备更加灵敏化。随着行业的发展，一个节段可能达到2000t以上。目前卷扬机和液压装备的水平能满足当下桥梁建设的要求，但还需要继续提高性能，以满足将来更高的要求。

总结展望

700t整节段架梁吊机在天兴洲大桥开了一个好头，即将建造的厦漳大桥也会看到它的身影。采用三吊点模式进行整体吊装，做到了力大、体轻、平稳，对今后的架桥机制造有借鉴意义。

吴元良表示，未来桥梁会向大跨度发展，通过"工厂化"预制进行施工。现在整体吊起一个节段，以后会发展到两个、三个，甚至更多，这个趋势是不会变的。装备企业要与设计单位、施工单位密切联系，提高技术水平，迎接新的挑战。■

EQUIPMENT

HISTORY
装备史话

装备**史话**

中国首台震动打桩机的诞生

■ 文/钱学新 杨瑞娟 刘昱

我国首台震动打桩机诞生于万里长江第一桥的建设过程中，并以管桩钻孔法为孕育其生命的摇篮。没有这一伟大的工程和这一创新的工艺，首台震动打桩机难以破茧而出。

呼之欲出

在武汉长江段修一座贯通南北的大桥是几代中国人的梦想，这个梦想一直可以追溯到20世纪初。但是，直到新中国成立后的1950年，毛泽东主席那句"将万里长江第一桥——武汉长江大桥的建设纳入铁道部的规划之中"的指示才真正拉开了修建武汉长江大桥的帷幕。

1953年4月1日，中央人民政府铁道部成立以彭敏为局长的武汉大桥工程局，开始了大桥正式开工前的一系列准备工作。受铁道部的聘请，由前苏联桥梁专家、科学院院士西林等28人组成的专家组专程前往武汉提供技术指导。经过大量工程地质勘探资料的综合分析，他们认为武汉长江段受高水位特点及其地质结构影响，桥墩的修建不适用桥梁建设界惯用的气压沉箱基础施工法。在这种情况下，以西林为首的苏联专家组借鉴我国桥梁工程上运用装配式钢筋混凝土管桩的一些工作范例，并结合苏联在采矿工业上大型钻岩机械的发展及桥梁工程上制造震动打桩机的经验，提出用全新的钢筋混凝土管柱钻孔法修建水中墩基础的创意。其基本构想是将空心管柱打入河床岩面，并在岩面上钻孔，在孔内灌注钢筋混凝土，使其牢牢插结在岩石内，然后在上面修筑承台及墩身。这一方案得到了茅以升等中国桥梁专家的支持。然而这种施工工艺在我国乃至世界桥梁史都尚属首次，究竟能否成功大家心里都没底。按照前苏联专家组长西林的话说："气压沉箱如百岁老人，关于它的书有上百种，管柱钻孔法如新生婴儿，关于它的书还没有一本。"

问题接踵而来。1955年春，举世瞩目的武汉长江大桥建设工程经过一年多的准备工作即将进入全面施工阶段。但是，此时在试验墩和1号墩上所进行的大型混凝土管柱下沉试验都遇到了困难——管柱沉不下去。当时设计施工的要求是必须将直径1.55m、长45m、重50t的混凝土管柱穿过江中20多米深的细砂复盖层，下沉到江底的岩层上。技术人员先是用卷扬机把第一桥梁施工处制作的一个直径1m、长3m、重约15t的钢筋混凝土落锤提起7～8m后松锤，使其自由坠落砸在管柱顶上，以冲击管柱使其下沉。结果经过上百次的冲击后，管柱不仅下沉量甚少，其顶端也在重锤的冲击下面目全非，不堪再击，此方法遂宣告失败。接着，技术人员用武汉大桥工程局按照苏联图纸制造的Bn-1型和Bn-3型震动打桩机继续试验。结果，即使配合高压射水，震动力170kN的Bn-1型震动打桩机对管柱也不起丝毫作用，而震动力为425kN的Bn-3型震动打桩机也根本无法使重量超过425kN的管柱下沉。技术人员一筹莫展，下沉大型混凝土管桩成了亟需攻克的最大难关，也是全桥施工的"拦路虎"。进退两难之际，技术人员迸发出一个大胆而又令所有施工人员激动不已的想法：我们能否自己设计制造适用的设备？

应运而生

在这样的背景下，大桥工程局决定：由桥梁机械经租站主持，在前苏联专家帮助下自己研究设计并制造震动力更大的震动打桩机。而当时的桥梁机械经租站，只有两个从武昌造船厂转购过来的位于晴川阁旁边的破旧仓库和一大片荒芜的空地，生产车间还是由其中的一个仓库改造成的。开始时什么机械设备都没有，后来粤汉铁路长沙修配厂并入才充实了几部日本赔偿物资中的旧机床，之后又陆续购进镗床、龙门刨、铣

装备史话

床等设备。在这样的条件下制造自己的打桩机能行吗？大家不免疑虑。

接到命令后，机械经租站总工程师钱学新和设计室主任谭杰贤带领陆荣祥、柳景田、谷觉知等一批青年技术人员承担起了这项艰巨而又庄严的使命。他们在总机械师普洛赫洛夫和电器工程师阿达舍夫两位前苏联专家的指导下，夜以继日地设计、绘图，吃在办公桌前，睡在办公桌上。仅凭简易的计算尺和手摇计算器，在短短的七天时间里他们就完成了打桩机所有部位结构的设计及绘图。车间的工人更是通宵达旦地作业，经常是下班之前拿到晒好的图纸，晚上车工、电焊工、刨工齐开工，第二天早上一个个符合图纸要求的零部件就制成了。当我们翻开珍藏多年的图纸档案资料时，尘封已久的激情岁月瞬间跃然纸上，令人久久不能释怀。

当时，武汉地区的机器制造业还相当薄弱，制作打桩机的材料也成了困扰大家的一个难题，特别棘手的是心脏部位偏心锤和六面外壳的制作。制作偏心锤需要一块长和宽均约400mm、厚约200mm的钢块，技术工人费尽心思地四处寻找。结果，无意间从抗日战争期间被炸毁的汉阳铁厂废墟中"捡"出来几根毁损的大轧钢机的轧辊。技术工人立马将轧辊运回车间，用高压气割焊枪将轧辊切割成一块块适合尺寸的毛坯料，用刨床刨出需要的形状后制成了打桩机的6个偏心锤和10多个齿轮。而制作箱壳需要长约2m、宽约1m的大钢板，这种钢板只有在上海才能制作，但加工的时间和来回一星期的路途又势必影响大桥的工期。万般无奈之下，一位叫周鸣岐的副总工程师尝试着将仅有的小块钢板进行拼装焊接。但难题又出现了，拼装焊接后的钢板受外力的作用，形状和尺寸都发生了很大变化，根本用不了。苦思冥想之后，周工带领工人每焊一层就用一种手持的锤击工具风锤锤击钢板，支撑固定后再用稻草灰裹住降温，以使冷却后的钢板不发生变形。就是靠这套土法，工人师傅们在4天之内就完成了打桩机箱体六面钢板的制作与焊接，而且没有一点误差！箱体内的两个隔板和工人用钢板卷成的轴承座也是靠这种方法焊上去的。

强大的震动力对打桩机的电动机也有很高的要求。在强烈震动力的影响下，电动机铸铁外壳底座的4个螺栓孔极易被震裂。开始技术人员将震裂的部位锯掉，焊上铸钢的，但焊接点又被震裂了，技术人员只好将外壳全部换成铸钢的，但这还不足以应对500kN以上的震动力。为此，钱学新工程师先后3次专程前往专门制造机械电动机的湖南湘潭电机厂与厂长商讨研究，订做了震动打桩机专用的电动机。

依靠当时仅有的几台普通加工机床和一大批能工巧匠的过人智慧，经过一个多月的奋战，一台外形为长方体、顶端配有电动机、底端附有底座、自重12.5t、功率为155kW、震动力为900kN的Bn-4型震动打桩机终于从经租站简易的车间里诞生了！

试验成功

1955年5月的一天，阳光明媚，江面上风平浪静，刚刚制造出来的Bn-4型震动打桩机被送到了正在施工的2号墩，由装吊工师傅稳稳当当地安装在了一根已插立就位准备下沉的混凝土管柱的上端，距离施工平台约8-9m高。第一桥梁施工处副总工程师肖传仁、机械经租站党委书记刘金兰和总工程师钱学新等二三十人一起聚集在2号墩的施工平台上，共同观看新型震动打桩沉桩试验。

机电钳工师傅认真检查之后，前苏联专家普洛赫洛夫示意总工程师下令开锤。钱学新立即指示站在控制柜前面的谭月生"合闸送电"！就在谭师傅推上控制手柄的一瞬间，激动人心的一幕出现了：只听管柱顶上的震动打桩机一阵轰鸣，2号墩施工平台就像发生地震般抖动起来，粗大的混凝土管柱在强大的震动力作用下，迅速朝江中下沉。不到10分钟，原来高高安装在管柱顶上的震动打桩机就已经下降到了站在施工平

台上的技术人员的腰部,距离施工平台台面约1m左右。在短短几分钟的强大震动力作用下,混凝土管柱已贯入覆盖层约7~8m深,并且接桩后继续下沉,已经到达了岩层顶部!

大型混凝土管柱下沉的难关被攻克了,深水基础管柱钻孔法施工的大门从此被敲开了!此时整个施工平台上的人们都高兴得跳了起来,他们热烈握手、拥抱,兴高采烈地祝贺这一重大试验的成功。

铸就不朽

武汉长江大桥除7号墩因基岩为炭质页岩不适用管柱基础外,其余各墩均采用直径1.55m的钢筋混凝土管柱基础。就是说,用我国自己设计制造的这种震动打桩机下沉了大桥的224根管柱,大桥的通车时间也因此比预计时间缩短了23个月!毛泽东主席视察长江大桥时激动地说:"不能说苏联没有的我们就一定做不来,个别的东西我们也是可以创造出来的!"

这台凝聚着我国桥梁工作者无穷智慧和心血的新型打桩机,为后来各种先进打桩机的诞生和各地大桥采用大型管径的管柱基础提供了宝贵经验,较好地满足了南京长江大桥、郑州黄河大桥等重大桥梁工程的施工需要。此后,国内各种新型桥梁设备不断问世,"中国桥梁装备业"的帷幕从此被拉开。

一声巨响已铿锵回响了50年,历史不会遗忘功绩,在长江大桥武昌桥头的建桥纪念碑上矗立着的首台震动打桩机的原型,历经风雨而弥坚。饱经了50年沧桑的凹凸纹路已成了历史的见证,凝固在桥梁历史的丰碑上……

装备**史话**

我仅是一片绿叶
——记桥梁施工机械装备专家钱学新

■ 文/朱海涛

工欲善其事 必先利其器

钱学新1922年出生于江西省浮梁县，1946年毕业于厦门大学机电工程系，同年6月到前粤汉铁路工作，先后在粤汉铁路管理局、衡阳铁路管理局、广州铁路管理局任技术员、工程师、机务处技术设备科科长等职。

1953年4月武汉大桥工程局成立，彭敏局长深知这是一项艰巨工程，而且这项工程没有机械化的施工配合是很难完成的，他百里挑一选定了钱学新到大桥局报到，一上任就任其为大桥局机械设备科科长。从此，钱学新的业务转入到了桥梁机械化施工领域。武汉大桥正式开工后，他又被调至局直属机械经租站任站长兼总工程师。1955年，在以西林为代表的前苏联专家们的建议和帮助下，武汉大桥的下部结构基础方案采用了不需要人力下到气压沉箱内取土作业的管柱基础。当时，这种新的基础方案在国内外均属首例。中苏两国专家对原设计的沉箱和其他基础方案进行了详细比选，认为水中墩采用沉箱基础在当时有难以克服的困难：高水位持续时间长，洪水期不能进行沉箱下沉，下沉深度超过沉箱施工规则的规定。同时由于岩面高度差较大，当沉箱抵达岩面时，为使周边刃脚嵌入基岩，预计8个水中墩要在高气压沉箱内凿除岩石6430m³。以当时的施工条件，工人必须下到沉箱底部亲自凿除，工作时间受限，修建桥墩的总工期至少需要3年，远超过要求的期限。

基于上述分析，西林结合我国桥梁工程中运用装配式钢筋混凝土管桩和下沉开口沉井的工作经验，并鉴于前苏联采矿工业中大型钻岩机械的发展和桥梁工程中振动打桩机的制造经验，提出了预制钢筋混凝土管柱，并强迫其下沉到岩面，最后在孔底岩盘上钻孔修建水中墩的创意。这个工法主要是先以法兰盘联结的装配式钢筋混凝土管柱通过在顶端用振动打桩机振动，强迫下沉，并辅以高压射水和在管柱内吸泥穿过覆盖层下沉到岩面，并在岩盘上钻孔到一定深度，将钢筋骨架安设在孔底内，然后灌注混凝土，使管柱牢牢地插结在新鲜岩石层内。这里的关键技术就是振动打桩机的效能和钻机装备选型两项。可是这种工法前人从来没有做过。所以铁道部和前苏联技术委员会的一致意见是必须先通过试验，取得实效后方可用在桥梁基础上。

按照前苏联图纸先后制造的BN-1型和BN-3型振动打桩机，在振动下沉管柱时效果不佳。钱学新不畏艰难，提出自己设计制造适用的振动打桩机，利用仅有的几部旧机床，又陆续购进镗床、龙门刨和铣床等设备开始自制。他带领一批青年技术人员夜以继日地设计、计算、绘图，仅用一周时间就完成了BN-4型振动打桩机，其振动力达到900kN。钱学新前后3次前往专门制造电动机的湘潭电机厂与厂长商讨研究，订做了振动打桩机的专用电动机。他就这样依靠几间破旧厂房，几台普通机床和一大批能工巧匠制造出了一台重12.5t，功率为1554kW的振动打桩机，并于1955年5月在2号墩上一举试打成功。短短几分钟，在强大振动力的作用下，粗大的φ155cm管柱迅速贯入覆盖层7～8m深，并继续下沉，顺利下到岩面。现场的施工人员都为攻克了这个关键技术高兴得跳了起来，情不自禁地拥抱握手。毛泽东在视察长江大桥时说："不能说苏联没有的我们就一定做不来，个别的东西我们也是可以创造出来的！"钱学新听后，心潮澎湃难以平静，这为他后来研制各种先进打桩机建立了更大的信心和决心。接着振动力达到1200kN的BN-5型振动打桩机也试制成功。由于这两台自制振动打桩机的试验成功，1955年7月，大桥局即按管柱方案编制了技术设计，通过铁道部上报国务院得到了批准。1955年9月江中各墩相继开工，全桥进入正式施工阶段。

当管柱下沉到岩盘后，接踵而来的是在岩盘上钻孔的关键技术。因设计中要考虑河床冲刷因素，必须在管柱孔底的岩面上钻成直径1.3m、深2～7m不等的孔。当时国内仅有一台仿苏制造的YKC-20型冲击钻机在岸上进行试验，这台机器的钻头只有3t重，冲程仅40cm，冲击力很弱。几十个工人操作一整天也钻不深1m，既费时又费力。不得不从苏联进口一台TM-1300型仿地质钻探钻机，它是旋转式钻进，无法将岩石打碎，效果也不令人满意。正当大家一筹莫展之际，前苏联专家普洛赫洛夫拿出一张前苏联正在研制生产的YKC-30型钻机图给大家看，虽然这张图片仅有外形，没有数据注释，却引起了钱学新的兴趣和关注。他决定带领谭杰贤、柳景田、陆荣祥等青年技术人员承担起设计一台适合武汉大桥施工钻机的重任。在一无经验二无技术数据资料可借鉴的困难条件下，钱学新既是组织者也是参与者，充分发挥了坚实渊博的机械知识。他针对图片上的模型具体分工，请设计室主任谭杰贤画总图、陆荣祥负责摇臂装置、柳景田负责设计机架和钻头。这段时间大家吃在办公桌上、睡在办公室里，不多日终于设计出一台结构简单、钻头重5t、冲程达1m的大型桥梁冲击型钻机。但是要把纸上的东西变成实物，实非易事。他决定，谁设计的部件就由谁负责找材料并与工人配合试制，互相协作。陆荣祥设计的钻机摇臂装置中的弹簧是控制钻头上下冲击的关键部件，当时条件简陋的经租站根本无法生产。他奔波于各车辆制造厂，终于在江岸车辆厂找到了，并与该厂材料科科长沟通。这位科长二话没说就领他到备件仓库挑

装备史话

1996年3月21日,在西陵长江大桥参观

选,问题很快解决了。柳景田设计的钻头经过多次试验改进,选定了十字形钻头配以弧形刃口的效率最快,但磨损率较大,陆荣祥建议在弧形刃口上焊上硬度超强的稀有金属来保护刃口,这个难点也解决了。另外还有钻机上的滑轮片问题,在钱学新和前苏联专家的指导和鼓励下,老工人顾晟林师傅硬是用一条条厚钢板,锻打成U形长条弯曲起来当作滑轮外圈,再在圈内镶嵌一块圆形钢板当作轮壳,最后拼焊到一块,就成了一个完整的滑轮片。这台称为YKC-31型的钻机1955年5月制成出厂,运往工地施工后,又不断改进完善功能,提高了功效,成为大桥主要钻机设备。大桥的钻孔任务在7个月的时间里全部完成,打胜了至关重要的一仗。在武汉大桥通车的庆功会上,彭敏局长在表示感谢前苏联专家的同时,强调了"这份功劳也是中国工人和技术人员的光荣……"博得了全场雷鸣般的掌声和欢呼。钱学新思绪万千,为能成功建成中国长江上第一座大桥尽了应尽的力量倍感欣慰,同时深感任重而道远,今后桥梁施工中的钻孔任务将会越来越多,孔径也将越大,钻机设备进一步改进的设想,在他脑海中孕育着……

升级换代　富于进取

武汉长江大桥建成后,大桥工程局为了国内大桥工程建设发展的需要,特令钱学新全面负责,在原机械经租站人员和设备的基础上,筹备组建大桥局的直属桥梁机械制造厂。其主要任务是在大桥和特大桥工程建设中,研制、设计并生产出所需的桥梁施工机械和设备,为发展桥梁新技术创造条件,提供技术设备保障。钱学新深知要确保大桥的工程质量和进度必须要依靠先进的机械装备,从主持厂址选择、厂区规划、厂房建设到设备安装、投产的全过程,他都亲自组织、指挥并参与设计和施工。1960年在汉阳鹦鹉洲上五幢现代化厂房全部落成(即武桥重工集团的前身和所在地),并正式投入生产,开始做郑州黄河新桥、京广线漳河大桥、滹沱河大桥、重庆白沙沱长江大桥、南昌赣江大桥等基础的下沉工作,其管柱直径从1.55m发展到3.0m、3.6m、5.8m。钱学新因地制宜地配置和研制相应的振动打桩机和辅以高压射水吸泥设备,为保证工程的质量和进度起到了重要的决定性作用。同时使大桥局施工机械和装备的质量和数量,研制、设计和制造能力能很快适应当时的需要,跃上一个新台阶。

1960年元月南京长江大桥正式开工,9个水中桥墩中的2、3号墩采用钢沉井加管柱基础,8、9号墩采用钢板桩围堰管柱基础。管柱基础虽在武汉大桥获得成功,但南京桥的水深与覆盖层厚度均较武汉大桥成倍增加,用原有技术装备是难以建成的。故局领导决定在9号墩的南侧64m先建一座管柱下沉的试验墩,借以取得实践经验。同时,此试验墩也可作为将来架设钢梁的临时支承。设计考虑到覆盖层被冲走后,管柱的自由长度加大,故管柱的直径必须相应增大,故而试制了直径为3.0m和3.6m两种直径的钢筋混凝土管柱。随之而来的下沉管柱的振动打桩机必须具备更大的振动力。在刚刚建成的桥机厂,钱学新立即主持设计研制出"中-250型"振动打桩机和能调节冲程并能自动控制的"气动冲击式钻机",适时地保证了南京长江大桥工程建设的需要,使机械装备及时升级换代。实践证明2台"中-250型"振动打桩机并联振动的振动力可达到5000kN,配合管柱内射水、吸泥的方法,可以将φ3.6m的管柱沉入砂层达47m。同时用气动式钻机及用钢板铆合而成的重7.2t的十字弧形钻具在管柱内钻直径3m的孔也获得成功。钱学新带领一班人呕心沥血,及时研制适用的机械装备配合施工,保证了南京长江大桥的胜利建成,功不可没。

与此同时,正值3年困难时期,他又应铁道部工务局的要求,亲自主持设计、试制并批量生产了M-63型、M-64型两种轨道牵引车,前后共计制造出厂有200余辆。不仅有力地支援了国内铁路工务线路维修、运输生产的急需,同时也化解了当时工厂任务不足、效率下降的困难。他既是技术上的权威又是善于经营的厂长。

洋为中用　推陈出新

南京长江大桥建成后，正是十年动乱的"文革"时期，钱学新难免受到冲击，一直在"五七"干校接受审查和劳动，直至1973年才被允许调回工作岗位。他意志坚定，毫无消沉之意，立即在岗位上主持研制出"东风-35型"柴油打桩机，其造价仅是从日本进口的一半，从而一举打破了日本柴油打桩机独占中国市场的局面。与此同时，针对大桥局水上施工吊船数量严重不足的状况，钱学新调研后，力主充分发挥船管处修船造船的优势和桥机厂的机械制造能力，组织两家分工合作，设计研制成"东风-7025""东风-7035型"两种水上吊船。此举不仅使大桥局在水上施工的吊船能力倍增，还培养锻炼了一批技术骨干，为日后研制开发更大型的水上吊船"小天鹅号"等设备打下了技术基础。

十一届三中全会后，国家形势发展很快。由于钱学新在机械装备上所作出的杰出贡献，1979年大桥局特提升他为大桥工程局的副总工程师。他身上的担子更重了，在新的岗位上先后组织"日元贷款"和"世界银行贷款"，引进国外先进施工机械的工作。他作为铁道部基建总局组织的中方谈判小组召集人，与外商进行多次技术座谈，从而了解并掌握到一些当时国外施工机械化的技术水平和国外市场情况。1984年在日本考察访问期间，他提议进口了一批当时较为适合我国国情的先进施工机械，使我国20世纪60年代的机械技术水平有了飞跃式的提升。

九江长江大桥是长江上又一座具有诸多技术含量的公铁两用大桥，其引桥上的预应力钢筋混凝土箱梁，长40.6m，重约300t，钱学新及时组织桥机厂的技术人员研制了适用的3000kN预应力梁架桥机及与其配套的300t运梁台车。九江长江大桥的正桥钢梁架设也远比武汉长江大桥、南京长江大桥的难度和要求高，他又研制了可以360°全方位旋转并且可自行步履式的7031钢梁架设吊机，该吊机较之以往的架梁设备，在技术上、安全稳定性上、工作效率上均大有提高。他精心研制成功的DQ2450型旋转式钻机在桥机厂制造成功，不仅工效高，性能好，而且结束了过去只能用冲击式钻机砸岩的历史。

发挥特长　建设桥梁

1984年钱学新奉命主持天津塘沽海门活动桥开启方式的研讨会，会上他提出采用同轴电缆和同轴电机（即电轴电机）平衡的拖动电机，以及大直径滚柱轴承支座卷扬机等先进技术设计方案，获得成功。该桥建成通车后，经检测证明设计合理，质量可靠，钢梁在升降过程中运行平稳，两岸上下游四个节点的误差均达到设计要求。充分发挥了他在机械理论上的造诣和实践上的卓越水平。

钱学新在工程上做出了成绩，先后获得了国家科技进步奖（南京长江大桥建桥新技术的主要参加者之一），国家科技进步二等奖（天津塘沽海门开启桥），国家科技进步三等奖（DQ2450型旋转钻机），国家科技发明奖（中-250型振动打桩机）等奖项。在完成任务的同时，他不失时机地总结并编写了《M-63型、M-64型轨道牵引车》《东风-31型柴油打桩机》《东风7025型吊机》3本书。

早年编写的《振动打桩机》论文，1957年发表于"大桥学堂编"第6期，与人合写的《300吨架梁吊机的构造与使用简介》刊于《桥梁建设》1982年第2期，《国内桥梁施工机械的研制现状与水平》刊于1988年铁道部工程建设科技动态年会的论文集中。

钱老现在已届耄耋，当有人谈及其贡献时，他谦和地说："我仅起到了一片绿叶的作用。"无论在获得荣誉和奖项还是在蹉跎岁月中受排挤时，他都能荣辱不惊，淡然处之。从不居功自傲，也从未消沉颓丧，始终心胸坦荡，待人友善，笑容可掬，称他是大桥局桥梁施工机械装备的缔造者之一乃实至名归。

1985年，在长东黄河大桥工地

装备史话

YKC-31型冲击式钻机
——书写桥梁水上钻孔的历史

文/钱学新 陆荣祥 杨瑞娟 刘 昱

一个硕大的十字钻头迅速向管柱内"砸去",几秒钟后,又在约2m长的摇臂作用下被提起。数十次之后,一个形状似木桶的取岩筒被缓缓放入管柱,随后,装满混着泥浆和钻碴的取岩筒被取出。待管柱内钻碴被清理完之后,钻头又继续反复向管柱内"砸去"……

这个正在忙碌工作的设备装置就是曾经在武汉长江大桥建设中立下功勋的"冲击式钻机"。正是它的出现,为中国桥梁装备制造史写下了浓墨重彩的一笔。

临危受命

1955年初,修建武汉长江大桥水中墩过程中采用了不需要人工到水下作业的管柱钻孔法,但使用震动打桩机将大型空心管柱打入河床岩面后又如何在岩面上钻孔呢?惯用的气压沉箱基础施工法完全靠人工在水下将岩石打碎,所以当时国内根本没有用于桥梁钻孔的专用设备。大桥施工工期十分紧迫,而解决不了钻孔施工问题整个工程就将面临停滞窝工的局面,怎么办?

燃眉之际,工程技术人员用当时国内仅有的一台仿前苏联制造用于地质钻探的YKC-20型钻机在岸上进行试验。这台钻机的钻头只有3t重,冲程(即钻头上下移动的距离)只有400mm,冲击力很弱,几十个工人操作一天也钻进不了1m,既费时又费力。而从前苏联进口的一台TM1300型钻机钻头为倒向的U形,根本无法将整个岩面打碎。当时桥墩基础施工需要在管柱内底部岩石上钻出直径1.3m,深2~7m的孔,仅有的这两台设备根本无法满足施工的需求,负责大桥施工的管理人员一筹莫展,压力很大。这时,受邀来到武汉长江大桥做指导的前苏联专家的一张图片引起了大家的兴趣和关注。这张图片是当时前苏联正在研制生产但还没有完工、冲击力更大的YKC-30型钻机的模型。看到这张图片,负责工程施工的领导当即决定由机械经租站负责生产一台适合武汉长江大桥施工用的钻机。

年轻的工程技术人员临危受命,承担起了钻机的设计重任。虽然有前苏联专家带来的图样做参考，但图样上什么数据都没有，而且大家都没有经验，技术资料也缺乏。同时领导对设计时间要求也非常紧迫，刚开始动笔就希望尽快拿出图纸，连充分思考的时间都没有，如何下手呢？

奇妙的构想

面对图片上的模型，年轻的设计师们感到茫然。设计室主任决定由他自己先把总图画好，然后大家再分别设计不同的部件。一种"一定要做出自己的工程钻机"的坚定信念在大家心中升腾起来。

他们要设计的是一个提升量为5t，行程为1m的大型钻机。在既无实物参照，又无现成资料可借鉴的情况下，技术人员连续多天日夜奋战，终于拿出令前苏联专家满意的设计图纸。在设计过程中，不可避免地遇到了不少"拦路虎"，他们想方设法去解决。控制钻头上下冲击的摇臂装置将直接影响整个钻机的工作情况，而钻头的起落完全靠摇臂装置中的弹簧收缩来完成，寻找合适的弹簧则成了关键所在。但具有5t伸缩力的弹簧到哪去找呢？由于涉及淬火等特殊工艺，条件简陋的大桥机械经租站根本无法自己生产。前苏联专家询问："你想想，武汉哪个工厂能生产这样的弹簧？"设计人员忽然眼前一亮："火车下面镶的弹簧力量足够大，江岸车辆厂生产的弹簧应该可以。""好，那我们马上就去！"他们立刻赶到江岸车辆厂，该厂材料科科长一听说大桥工地急需弹簧，立刻领他们到备件库挑选了两副合适的弹簧。弹簧的问题得到解决，摇臂装置中其他部件的尺寸、受力大小也就有了参考的依据，摇臂装置设计方面的问题遂迎刃而解。

与岩石直接碰撞的钻头刃口也是影响钻机工作效率的关键部位，经过试验，四端配有弧形刃口的十字刃口工作效率最快。然而当时武汉还没有铸钢，如果去辽宁鞍钢定做，仅在路上就要花费一星期时间，大桥施工急不可待，设计人员决定由经租站用土方法制作刃口。根据经租站当时的设备情况，钻头的刃口只能靠人工加工，然而要将厚厚的钢板刨成四端为弧形的十字形所耗费的钢材量和人力是难以想象的。况且江底岩石坚硬，日夜不间断地冲击必然极易损坏钻头，直径1.3m的大钻头修理起来也是很麻烦的，钻头的设计制作方案成了困扰大家的一个难题。"如果先制作一个十字刃口，然后再在四端铆上弧形刃口，这样做起来容易，坏了也可以分开修理。"这个想法让柳工欣喜不已，工人师傅遂按照他的设计，制作了钻机的刃口。后来的使用过程证明，这种设计不仅容易修理，而且也节约了钢材和时间。

巧妙的制作

在钻机的制作过程中急需一批滑轮片，一般的滑轮均采用铸钢或铸铁工件，可当时经租站还不具备生产铸铁的条件，更谈不上铸钢，有的只是几个锻工打铁的红炉和一台250kg的汽锤。于是前苏联专家普洛赫洛夫同志找到相关工作人员，问他能否用大锤和手工打出滑轮片来？工作人员冷静地想了一阵子，点点头说："请专家明天下午来看看吧！"次日下午，专家来到车间时，10个完整的滑轮片摆在地上，前苏联专家连忙走上前去，向中方同志伸出大拇指，不断地说："真了不起！真了不起！你有一双巧手啊！"原来工作人员是用一条条的厚钢板，先锻打成一条条U形的长条，再把这个U形的长钢条，弯曲起来当作滑轮的外圈，然后在圈内镶嵌一块圆形钢板当作轮毂，然后拼焊到一块，就成了一个完整的滑轮片。所有这一切，都是他和他的伙伴们，辛苦了一天一夜，苦干加巧干完成的杰作呀！此外，减速器机壳、传动的大齿轮都是通过焊接成型，再加工制作成功的。

绝妙的智慧

江底岩石的超强硬度对钻头刃口的磨损很大，经常是钻不了多久钻头就钝了，工人师傅

装备史话

就得把钻头卸下来进行再加工，费时又费力。而制作钻头用的钢材品质已经是当时国内最硬的了，要想加强钻头的硬度在当时的条件下是极其困难的，若不解决这个问题工程就无法继续下去。怎么办？

就在大家一筹莫展的时候，工程师突然想出个办法，在钻头刃口上焊接一种硬度更强的稀有金属来保护钻头，这个想法让大家喜出望外。通过翻找大量技术资料，工作人员在一本关于电焊的技术资料里发现了一种用于对焊的焊条性能介绍。这种焊条由钨、锰、铬等稀有金属组成，可以直接对焊在金属的表面，起到增强耐磨性的作用，操作也很方便，不需要对钻头刃口进行再加工，直接对焊在刃口上就可以了。为此他们跑遍武汉三镇，终于买到了这种焊条，通过试用，效果果然不错，从而解决了一道难题。

"一切通过试验"

由于没有经验可以借鉴，钻机的研制是在"一切通过试验"的原则下进行的，很多部件都是在试验过程中不断加以完善和改进的。

参照地质钻探用的YKC-20型钻机，技术人员最初将钻机的钻头设计为一字形，但在使用时，大家发现一字钻头的刃口与岩石的接触面太小，钻头需转动180°才能将整个岩面打碎。"如果增加刃脚的面积，再在一字刃口铆上一圈环形刃口，那工作效率应该很快。"按照这个思路技术工人对钻头进行了改动。当大家兴冲冲地将改进的钻头运到长江大桥使用时，意想不到的事情出现了，钻头连续冲击几十次后，孔内岩面毫发无损。原来刃口与岩面接触面积的增大，使得岩面单位面积承受的冲击力太小，不足以破岩。技术人员反复揣摩，总结经验，经过8次的试验与改进后，最终选定四端铆有弧形刃口的十字刃口。

1955年5月的一天，当钻机在1号墩全面施工时，长江复杂的地质结构和坚硬的岩石使经租站在辽宁鞍钢定做的铸钢钻体在使用不到半天时就被震裂了，此时不管是运到鞍钢修理还是在鞍钢再定做，时间都已经来不及了。情急之下，前苏联专家建议经租站用拼装铆焊的方法自己来制作，虽然拼装的钻身可能比铸钢的还容易损坏，但经租站可以随时修理，而且可以多做几个备用，这样大桥的工期就不会因此被延误。于是工人师傅把3块20mm厚的钢板切割成相应的形状后拼装在一起，然后用铆钉铆起来。拼装的钻身不到两个小时就松动了，这时工人师傅就仔细检查铆钉，然后把松动的铆钉截断，将镶铆钉的孔清理干净后再铆上好的铆钉。虽然每隔几个小时就要维护修理一次，但随时配备的人力和工具使大桥施工一刻也没有耽误。

这台钻机自1955年5月制造出厂并运往武汉长江大桥桥墩钻孔施工后，就在持续地修理和改进中不断完善功能和提高品质。这台YKC-31型钻机与YKC-30型钻机相比，起重量大，有3台电机拖动，功率较大，体积也比较庞大，作为大桥钻孔的主要设备，在7个月时间里就顺利完成了大桥的钻孔任务，桥梁钻孔水上施工的历史大门从此被打开了。

YKC-31型钻机解决了武汉长江大桥管柱内钻孔问题，使200多根管柱牢牢地"扎"在了江底岩盘上，有力地托起了武汉长江大桥，使大桥经历50多年风雨洗礼，依然坚如磐石。据资料记载，武汉长江大桥自建成通车以来曾承受76次碰撞，全桥依然无变位下沉。大桥桥墩可承受600000kN压力，可抵御每秒100000m³流量、5m流速洪水，可抗8级地震和强力冲撞。

20世纪60年代，在修建南京长江大桥过程中，钻孔的孔径要求已经从武汉长江大桥的1.3m加大到了3m。工程技术人员根据设计YKC-31型钻机的经验，又先后设计了YKC-34型气动式钻机等新一代钻孔设备。自此，桥梁工程钻机的研发步入了持续发展的进程。∎

开创桥梁旋转成孔法先河
——DQ2450旋转钻机

■ 文/钱学新 陆荣祥 杨瑞娟 刘 昱

历史长河中耸立的丰碑，不会随着岁月的流逝而褪色，当看到宏伟壮观的九江长江大桥横贯南北，尽情展示着京九（龙）铁路和合（肥）九（江）铁路"天堑变通途"的雄伟身姿的时候，我们仿佛感受到了历史发展的沧桑，仿佛听到了DQ2450旋转钻机向地层发起进军的嘹亮号声……

装备史话

唤醒尘封的梦想

在YKC-31型钻机艰难地完成武汉长江大桥钻孔使命的过程中,敏感的桥梁设备设计人员就意识到这种靠冲击力来"打碎"江底岩石的方法效率低、进度慢,必定要被淘汰。此时,他们的脑海中已经开始酝酿一种"钻头能像磨盘一样把岩石磨碎"的新型旋转钻机,并试图开始付诸实践,以便更好地满足桥梁钻孔的需要。然而,1958年开始的"大跃进"、大炼钢铁,以及三年困难时期、十年"文革"等突如其来的强烈社会动荡如同一股洪流,将技术人员的思想火花淹没了,已经设计好的一些图纸也被尘封在了角落,制造一种新型钻机的想法就此搁浅,以至于20世纪60年代施工的南京长江大桥也只能采用改进YKC-31型钻机而成的YKC-34型气动冲击式钻机来完成钻孔任务,靠笨重陈旧的冲击力打碎江底岩石的历史一直延续着。

"跨越天堑,打通南北交通"的梦想是桥梁建设史上的又一个"里程碑"——九江长江大桥于1973年12月26日开工了。然而,九江地区水域地质情况复杂,水深湍急,江底岩石硬度高,九江长江大桥的钻孔尺径、深度都很大,而且在筹建大桥伊始就贯彻"积极科学试验,改革创新,尽量采用新技术,反映我国建设事业和国家科学技术发展水平"的指导思想,种种情况都使技术人员面临着空前的挑战。冲击钻机如剁肉酱般在艰难地完成北岸大孔径破岩任务的时候,从施工现场传来了"南岸地质情况比北岸复杂得多,冲击钻机很难完成任务"的施工情况报告,这一纸报告如同一股强烈的冲击波,唤醒了在技术人员脑海尘封已久的研制新型钻机的愿望。

追赶逝去的时光

当技术人员试图将被迫中断的思路延续下来的时候,他们获悉,煤炭部已于20世纪60年代中期派技术人员到经租站考察,并带走了当时设计的旋转钻机部分构件的图纸,而此时,用于勘测煤炭的旋转型钻机已经问世。为借鉴经验,缩短研制时间,设计方专程前往淮北煤矿基地"取经"。由于煤炭钻探的地质大多为土层,基本上没有岩石,煤炭钻机的钻头硬度达不到桥梁钻孔的要求,但两者必然的联系使两种钻机在动力、结构等方面都存在很多相似点,这对桥梁钻孔旋转钻机的研制很有参考价值。

有了参考资料,"甩掉冲击钻机"的想法就更加坚定了。20世纪70年代末,开辟旋转钻机的工作正式开始了。正当技术人员为设计钻机绞尽脑汁的时候,铁道部、外贸部与日本在北京举行了一次工程机械技术交流会,这次交流会真是雪中送炭。设计方立即派出二三十位工程师参加桥梁基础施工机械方面的交流会,成功学习到了日本旋转钻机的先进技术和制造结构。交流会结束后,新一轮的研究制造开始了,目标是解决九江长江大桥北岸3号墩直径为2.5m的管柱钻孔任务。

不到两个月的时间,旋转钻机的整个设计就出来了,主要由转盘、变速箱、钻架、钻具、卷扬机、水龙头、排渣系统、电气系统等组成,钻头直径为2450mm,基本工作程序是转盘在电动机动力的驱动下顺时针旋转,并带动钻杆以及钻杆底端的牙轮钻头呈顺时针旋转,固定于刀盘(固定牙轮的装置)上的牙轮在随之顺时针旋转的同时又反向在岩面上滚动,以实现破岩目的。之后,破碎的钻渣经过反循环系统被排出管柱,即用于悬浮钻渣的泥浆由泥浆池流入管柱,而后夹带钻渣的泥浆在强大的压力作用下从空心钻杆中抽出来,经提水龙头、胶管再进入泥浆池。

成功来自于反复试验

经过精心的准备后,由"大桥"两字的首字母"DQ"和代表钻头直径的"2450"命名的"DQ2450"型旋转钻机开始正式投料制造了。桥梁装备历史的又一个转折点庄严地踏上了征程。

整个反循环系统的实现，对系统装置的密封度要求很高。

在制造过程中最困难的要属钻杆的制作。由于钻渣由空心钻杆被抽出需要完全封闭的装置系统，如果系统漏气，施加于钻渣的压力就不足以将钻渣抽出，所以整个钻杆的制作从材料到工艺都非常严格。经过试验研究，制作钻杆的材料要用无缝钢管，且直径要达到200mm，但当时最先进的无缝钢管也达不到这个标准。生产振动打桩机和冲击式钻机过程中克服困难的经验，使得技术工人对土法上马的制作工艺驾轻就熟，他们用拼焊方法很快完成了材料的生产任务。所需要的方钻杆也是技术工人用两个合适大小的槽钢（截面为凹槽形的长条钢材）焊接起来的。这对焊接工艺要求非常高，绝不能出现一点空隙，技术工人凭借精湛的技艺使产品达到了各项要求。

根据施工需要，排泥浆的水龙头由固定部件与活动部件两部分组成，而这两部分之间也必须衔接紧密，镶于这两部分之间的密封圈成了影响水龙头能否正常工作的"心脏部位"。一般的密封圈总是达不到密不透风，严重的时候通过这个部位的泥浆水"哗啦哗啦"向外流，工作人员根本无法靠近。技术人员想过好多办法都没有解决这个问题，最后还是到密封圈生产技术比较先进的化工厂专门订做了合适的密封圈。

在经历多次尝试后，技术人员逐渐领悟，小而全的"万能工厂"式生产虽然能够自给自足，但庞大的生产体系终使一些技术水平和生产工艺不够专业，一些生产工艺要求很高的部件，必须到专业的厂家制作。由于与坚硬的岩石直接接触，牙轮钻头的硬度必须很大，否则工作不了多长时间就会被磨钝，而且使牙轮自转的轴与牙轮之间的防水性也达不到要求，泥沙一旦进入，牙轮的自转就会停止，进而加快了牙轮的磨损速度。此外，牙轮里面用于射水的小孔也很容易被堵塞。这种情况下，技术人员带着图纸找到专业生产厂家生产了一批牙轮钻头。

由于钻孔深度不断加大，钻杆都是制作成一截一截的，随着深度不断增加，钻杆的长度也要不断增加，钻杆之间的衔接通过法兰盘（用于连接管道的连接件）连接，中间加上防漏垫子，然后用螺栓紧固在一起。如果其中一截坏了，就需要把包括转盘、钻头等整个旋转系统提起来，然后把坏的一截卸下来换上完好的。

1979年3月风和日丽的一天，拼装完工后的DQ2450被运到了九江长江大桥工地北岸3号墩的施工平台上，当开动电动机的一刹那，转盘带动钻杆钻头迅速向管柱内"探"去。几十秒后，钻杆带动整个钻机剧烈抖动，操作工人立即关掉了电源。经过勘测，发现江底岩石凹凸不平，而且岩石硬度过大，遇到这种情况，钻头转动力不能平稳均匀地施于岩面，出现了钻头上下跳动的"跳钻"现象，钻杆、水龙头等部件也随之振动。为解决这一问题，技术人员经过多次试验，掌握了一套操作方法，即钻孔前将钻头缓缓放入管柱，使钻头与岩石平缓接触，然后提起，再下钻，待凹凸不平的岩面被削平后，再进行正常操作。钻孔工艺与钻孔设备的巧妙结合，使得设备的功能发挥得淋漓尽致。

桥梁装备的又一朵奇葩绽放了，DQ2450旋转钻机每天可以钻进1.5m左右，比冲击式钻机的工作效率快了4～5倍！

开辟旋转成孔的先河

DQ2450实现了桥梁钻孔设备从"冲击"到"旋转"的历史性转变，实现了从钻孔到排渣的有机结合，使九江长江大桥在很短时间内就完成了正桥11个孔的钻孔任务，正桥墩台建筑于1980年初基本完成了，为九江长江大桥采用大量先进技术和实现"全桥长度最长""钢梁跨度最大"等十多项全国第一奠定了坚实的基础。DQ2450成为继振动打桩机之后桥梁装备机械中获得中国科技进步奖的第二个产品，塑造了中国桥梁装备历史中的又一个里程碑。旋转成孔法作为一种新工艺被载入了史册，中国建桥业从此踏上了一个新的起点。∎

装备史话

独领风骚十余载

——BDM系列钻机研制回顾

■ 文/陈元喜 杨瑞娟 刘 昱

改革开放的春风为祖国的桥梁建设带来了勃勃生机，大桥人也有机会走出国门，到日本、德国等先进钻机国家了解考察国外先进桥梁钻机的研发和应用技术。周璞、王绳祖等技术前辈在桥梁技术杂志上编写了许多介绍日本、德国先进钻机的结构和施工工法的文章，为新型钻机的设计者提供了可借鉴的技术研究资料。用于桥梁基础施工的工程钻机的研发随即步入了迅猛发展的时代。

第二代旋转钻机的问世

20世纪70年代，工程技术人员把从兰州石油机械厂买来的转盘、由黄河牌汽车变速箱改进的变速箱、利用万能杆件拼装的钻架、从洛阳矿山机器厂购回的牙轮，以及自身研制的水龙头和钻杆等部件"拼凑"起了DQ2450型钻机。然而作为旋转钻机的"先驱"，功能局限性造成的自身缺陷使DQ2450型钻机在完成了历史使命后就匆匆退出了历史舞台，而其具有浓厚科技含量的反循环工作原理和钻机的基本构架则催生出了一代更显现其先进性和功效性的新产品。

20世纪80年代初，位于河南长垣和山东东明之间的长东黄河大桥破土动工了。为保证大桥顺利建成，桥机厂为该桥的基础施工专门研发制造了BDM-1型和BDM-2型小通孔和大通孔钻机（BDM分别是"大桥""钻机""机械"三词的首个英文字母），第二代旋转钻机旋即问世！它们摒弃了DQ2450钻机相对分离的结构，完善了水龙头部位细节方面的设计（不漏风、不漏水），使该设备系统更加完整，功能更加突出，部件间配合更加灵活，检修更加方便，仅用一年时间就完成了一千多根灌注桩的钻孔任务。BDM-1型钻机更是凭借其成孔速度快、成本低、效率高的优点，于1986年一举获得国家科学技术进步三等奖，时任铁道部长的万里还专门前往施工现场观摩了该钻机的演示。

BDM-4型钻机的诞生

1984年，郑州黄河公路大桥开始修建，由于其地质构造复杂，在灌注桩施工中急需一种转盘扭矩大，相应配备齐全，能钻岩层又能钻覆盖层的钻机。当时国内没有一家钻机厂能够生产符合工况要求的钻机，河南省交通厅的领导不得已提出了进口20台日本钻机的想法。当时，进口一台日本钻机就需要500多万元人民币，20台钻机所需要的费用令人咋舌。富有进取心的技术人员坚定地表示：一定要自己动手动脑，设计制造出符合要求的钻机。

于是，一批工程技术人员承担起了这项艰巨的任务，设计出了BDM-4型空气反循环钻机。BDM-4型钻机延续了之前旋转钻机的基本结构和工作原理，不同的是，它的反循环系统更加完善，主要利用压缩空气来进行排渣，即压缩空气经过水龙头、钻杆两边的空气管道，到达钻杆下方的气室内(气室实际是扩大了的钻杆)，在这里压缩空气和泥浆进行混合，使泥浆的比重减低，在大气压力的作用下，反循环系统开始工作。BDM-4型反循环旋转钻机工作时，转盘的强大扭矩带动钻头旋转，置于钻头上方的配重给钻头一个很大的压力，能够使钻头上的滚刀破碎岩层，只要岩石一破碎，反循环泥浆就能及时地把岩屑排出孔外。反循环系统靠压力排渣，可以说钻杆内孔有多大，反循环系统就能够排出多大的岩屑，因此反循环钻机排渣的效率非常高。

BDM-4型钻机最核心的部件是转盘、变速箱和水龙头，而水龙头则是核心中的核心。水龙头不仅要承受钻头、配重、钻杆的全部重量，而且它又是压缩空气和反循环泥浆的通道。使水龙头不漏气、泥浆不渗透到水龙头轴承内破坏轴承的正常工作成为水龙头设计的"拦路虎"。负责水龙头设计的人员总结自己从事二十多年桥梁机械设计的经验，并借鉴国外先进钻机水龙头的结构特点，大胆地将部队军品——耐磨橡胶密封环应用到水龙头设计上，取得了立竿见影的效果。为了使钻机能钻覆盖层又能够钻岩层，钻机转盘的转速应该能够变挡，为此设计人员专门设计了一种能变六挡的变速箱，钻覆盖层时，就利用变速挡把转盘转速提高，钻岩层时就利用变速挡把转盘的速度降低。为了能够方便快捷地连接和卸下钻杆，设计工程师专门在钻架中部平台和立柱上安置了一套"机械手"，使钻杆的接卸有了"动力"的辅助，减轻了工人的劳动强度。

此外，设计人员专门为BDM-4钻机设计了一套泥浆循环处理系统。带有岩屑的泥浆首先排到沉淀桶内，待岩屑沉淀后，泥浆再进入钻机的反循环系统进行工作，泥浆的重复利用大大降低了钻孔成本。同时，他还研究出一种工艺，即对泥浆的比重、含沙量、碱度进行测定，利用低比重泥浆进行钻孔和清孔可达到零沉淀，从而使管柱牢牢地"长"在岩石上，提高了桩的承载力，这一工艺的采用在桥梁基础施工中具有举足轻重的意义。

装备史话

所向披靡的BDM-4型钻机

1984年末，BDM-4钻机在郑州黄河大桥试钻过程中，遇到了由于压缩空气压力低，钻机钻到一定深度后，反循环系统就不能工作的难题。5MPa压力的压缩空气被灌注到50m深的气室内时，由于气室内外的压力达到平衡，反循环排渣不能进行，工地钻机被迫停工。正当施工人员一筹莫展时，设计人员突然想到一本桥梁技术杂志上曾刊登过一篇有关利用中间风包钻深孔的文章，即在钻杆上再加一个风包。于是大家根据当时的具体情况，将BDM-4型钻机的一根中间钻杆进行改造，使其变成了中间风包，既起到了钻杆的作用，又起到了压缩空气的作用，一举两得。经过这一改造，当钻机第一个风包不起作用时，第二个风包马上发挥作用，空气反循环系统自始至终都能顺利工作。这一改造令所有的施工人员都竖起了大拇指，并对大桥人的技术能力刮目相看。

BDM-4钻机在郑州黄河公路大桥基础施工中，一个月就完成了4个直径2.2m，深度达到80m的灌注桩孔，这个成绩书写了钻机钻孔的一个新纪录。BDM-4钻机在不到两年时间就钻完了55根灌注桩孔，为提前一年完成郑州黄河公路大桥立下了汗马功劳。时任国务院总理的李鹏曾特意到郑州黄河公路大桥工地参观了该钻机进行实钻的施工现场。

同样修建于20世纪80年代的广东佛山九江大桥的基础施工由湖南路桥公司和广东公路工程处共同负责，湖南路桥公司使用的是桥机厂生产的BDM-4型钻机，广东公路工程处则花高价从日本购买了一台70万美元的DDC-200型钻机。与进口钻机的PK交锋使BDM-4型钻机面临空前的挑战。然而BDM-4型钻机不负众望，经过一个多月的实战，BDM-4型钻机成功钻成两个直径2450mm、深度达60m的孔，而日本的钻机一个孔也没钻成。负责钻孔的日本工程师十分难堪。他们仔细观察研究BDM-4型钻机，通过比较发现他们的钻机钻头是平的，没有配重，钻压不够大。经过仿造中国钻机的钻头，他们的DDC-200钻机终于也能钻孔了。在这个主墩上，国产钻机钻孔9个，而相当于国产钻机价格10倍的日产钻机只钻了8个孔！

BDM-4型钻机在武汉长江二桥实钻时，遇到了硬度非常大的胶结砾岩而使钻孔难以推进的难题。之后，通过设计人员的共同讨论研究，集思广益，形成了解决问题的一套办法：在钻具系统上加大了钻压，钻机钻头、配重、风包串联成糖葫芦一样的形状；钻头滚刀采用了耐冲击高强度刀片；钻进工艺上采用"减压钻进"的方法，即钻机在钻进过程中，钻头、配重、钻杆的全部重量不能完全压到孔底，而是由水龙头提起一小部分重量，从而利用自由落体使钻杆、配重、钻头保持向下垂直，进而钻出直孔。如果不采用"减压钻进"的工艺，则会钻出歪孔，导致钢筋笼放不下去，后果不堪设想。采用以上措施并反复进行试验，终于比较圆满地解决了钻胶结砾岩的难题。

BDM-4型钻机取得了良好的社会效益和经济效益。从20世纪80年代中期到90年代，该钻机先后在广东九江大桥、铜陵长江大桥、南京长江二桥及三桥、宜都汉江大桥、襄樊汉江大桥、武汉长江二桥、武汉军山长江大桥等桥梁的基础施工中应用，均取得了卓越的成效。现在，BDM系列钻机以其物美价廉的特性在工程钻机市场仍旧占有一席之地。

BDM系列钻机为桥梁基础施工带来了一个辉煌的时代，也标志着我国在桥梁基础钻孔专用设备方面取得了令人自豪和长足的进步，给桥梁钻孔机械装备的沿革添上了浓墨重彩的一笔。■

DK35吊机在架设武汉长江大桥

DK35吊机

——新中国最早制造的架梁吊机

■ 文/杨瑞娟 刘 昱

站在汉阳江滩抑或武昌临江大道观景台上，可清晰地看到武汉长江大桥巨大的"米"字形钢梁从长江的一岸伸向另一岸，横着、竖着、斜着的巨大杆件有规则地连接在一起，凌驾于桀骜不驯的长江之上，如同长龙俯卧，倚山镇水，显得英姿勃勃、气势雄伟。人们不禁感叹，20世纪50年代，基础薄弱的中国如何能架设起这样复杂俊美的大桥钢梁？

装备史话

"时势造英雄"

武汉长江大桥正桥钢梁设计为三联连续钢梁，每联有3个相等的桥孔，每孔跨径为128m。钢梁杆件的最大重量在25～28t之间，最大长度30多米，这就要求架梁起重机的起重量在30t以上。根据长江大桥桥址一年中的水位变化和船运状况，钢梁的架设准备采用悬臂架设法，这就要求架梁起重机自身重量不能太大。

当时国内使用的吊机多用于码头货物吊装，其吊重量、自身重量以及吊距、吊高等参数均达不到武汉长江大桥钢梁架设的要求。大桥开工之前，机械经租站根据前苏联专家提供的图纸曾经生产制造了ΓMK20桅杆吊机，它主要用于大桥墩旁重物的起重，其自重21.9t，最大起重量为20t，虽然自重较轻，但起重量无法满足架梁工况要求。

ΓMK20型桅杆吊机与国内其他吊机相比，它结构简单、造价低、操作方便、易维护，唯一美中不足之处就是起重量偏低。经租站的技术人员想到：能否在保持其优点的基础上提高起重量来解决钢梁架设起重问题？虽然决定一部吊机起重量的参数很多，诸如吊杆的长度、主杆和斜拉杆能承受的张力、生产吊机所用钢材的强度和型号、卷扬机的数量等，但这对于善于学习、肯于钻研的经租站技术人员来说不算难题。

"破茧而出"

有了ΓMK20型桅杆吊机的图纸作为参考，技术人员对实现自己的想法心中有了底。根据大桥钢梁架设的要求，技术人员综合各方面数据将拟研制的吊机最大起重量设定为35t，基本结构与ΓMK20桅杆吊机相似，前苏联专家和技术人员将其命名为"DK35吊机"，意思是最大起重量为35t的桅杆吊机。DK35吊机主要由卷扬机、主杆、斜拉杆、横拉杆、吊杆、滑轮组、吊钩等部件组成，为方便吊机在钢梁轨道上行走，还特意设计了底盘和走行平车。

DK35吊机结构简单，生产制作也比较容易。支撑吊机的主杆、斜拉杆、横拉杆、吊杆都是钢构件，生产过高难度的震动打桩机偏心锤和冲击式钻机钻头的经租站技术工人对制造这些部件非常自信。唯一比较难于生产的是吊机顶端斜拉杆和主杆的汇集点"顶帽"，它既起到固定主杆和斜拉杆的作用，又是主杆旋转的"臼"，如同旧式门的承轴臼，形状极不规则，形似披风，侧面看如同"厂"字的形状。技术人员将顶帽的图纸送到东北的一家铸件生产厂，该厂的工程师了解了此部件的结构和作用后，同意为经租站生产部件的毛坯铸件。铸造完成后，毛坯铸件就运回了经租站，工人用刨床、车床、镗床等多种设备对其进行"精雕细刻"，最终完成了顶帽的制作。吊机的卷扬机和滑轮片也是由经租站组织生产制作的。

前后仅用两个月时间，DK35吊机就生产制造成功。两个横拉杆、两个斜拉杆和一个主杆拼接成一个立方体，主杆底部安装了一个直径5m的大转盘，司机室位于转盘上，便于司机跟随吊杆旋转并准确判断吊装情况。吊杆从主杆与转盘的交接点斜伸出，其顶部通过滑轮组和钢丝绳与主杆的顶部连接。整个结构连同五部卷扬机一同置于底盘上，五部卷扬机分别控制吊钩和吊杆的起升、转盘的旋转、走行平车的前进和后退。吊机底部用走行平车支撑，并可承载DK35吊机在钢梁的轨道上自如行走。

DK35吊机总重120t，吊杆长26m，主杆高9.5m，受斜拉杆和横拉杆固定性的影响，吊杆只能随着转盘旋转228°。工作时，司机根据指挥，操作拉动控制相应部件卷扬机的控制器，由于控制系统功能相对简单，司机一次只能操作吊机运行一个动作。吊机后部以生铁或沙包作为配重，整个吊机看起来显得庞大而稳重。

一展"伸"手

1956年3月，武汉长江大桥钢梁架设工作正式开始。DK35吊机负责汉阳岸0号台至5号墩的钢梁架设工作。

基于悬臂架设法的特点，架梁过程中，必须以平衡梁保证钢梁架设的稳定性。汉阳岸的平衡梁架好后，DK35吊机的走行平车、底盘及其他部件依次被辅助吊机吊到钢梁上进行安装。之后，DK35吊机就正式开始工作了。

DK35吊机结构简单，没有安装精密的仪器，每执行一个动作，都需要司机操作相应的卷扬机的开关，靠钢丝绳拉动相应的部件，吊动杆件起落还比较轻松。但到了杆件拼装铆合时，需要铆合杆件上的几百个铆钉眼，杆件距离司机的视线又比较远，加之江上大风及钢梁震动的影响，司机如何准确地将杆件吊到相应的位置？原来，装吊工与司机需要配合紧密而默契，装吊工会根据杆件偏离的情况指挥司机对杆件进行上下或左右的"微动"。同时装吊工用一个约30cm长、两头尖、形似棒槌的"铳钉"来辅助工作。当杆件比较吻合时，装吊工就立即用铳钉将吻合的铆钉眼插上，如此插上十个左右，杆件的位置就基本固定了，装吊工铆合起来就容易得多。这个过程对司机的操作水平要求很高，每一次移动,特别是"微动"都是对司机水平的挑战和考验，不是经验丰富、责任心强的司机是难以完成这个具有难度的操作过程的。

DK35吊机在钢梁上行走时，钢梁上必须铺适合走行平车移动的钢轨。这样，当一个"米"字节间架好后，后端的钢轨就需要移到这个"米"字节间上，以便吊机向前移动，进行下一个节间的拼装。而DK35吊机只能旋转228°，无法将后端的钢轨整段"吊"到前端，这时就需要装吊工将后端的钢轨用人工拆下，然后用手推车通过已架好的钢梁的下弦杆运到前一段钢梁处进行人工安装。

此外，在一个"米"字节间拼装过程中，DK35吊机需要在一个合适的位置稳稳地固定一个星期，这样，固定吊机就成了一个问题。操作工人用最原始的方法，将吊机的底盘和走行平车"卡"在钢梁的下弦杆上，然后用双向螺栓拧紧，走行平车的四组轮子分别用枕木"顶"牢。

架到汉阳岸3号墩时，工人又将DK35吊机的吊杆接长了3m，达到29m，并且添设了一个起吊能力为6t的小吊钩，这样DK35吊机的工作范围更加广泛，工作能力更加强大。

与DK35吊机并驾齐驱的是最大起重量为40t的双臂起重机，它是根据钢梁架设的需要，由经租站的技术人员根据DK35吊机的操作原理，设计并制作的中国第二台架梁吊机，其操作程序与DK35吊机相同，只是结构上多了一个吊杆，并且起重量也有所增加。40t双臂起重机主要负责武昌岸9号墩台到6号墩台的架梁任务。

"天堑从此变通途"

1957年5月4日，历史将铭记这一天，从汉阳岸和武昌岸出发，分别向江心架设的钢梁将在5号墩和6号墩之间相聚并完成合龙！闻讯赶来了许多施工人员、各级领导以及武汉的知名人士和人民群众，都蜂拥至两岸，激动地等待着振奋人心的时刻……

中午12时许，钢梁的最后一段"米"字节间开始架设，DK35吊机承担了这项庄严的使命。它每吊起一根杆件，都会赢来人群的赞叹与掌声。不一会儿，激动人心的时刻来到了，DK35吊机顺利吊起了最后一件杆件，此时司机与装吊工默契配合，顺利地用铳钉对准了十多个铆钉眼。随后，铆工紧锣密鼓地对这最后一段钢梁进行铆合。14时59分，铆合任务完成。在这个风和日丽、温度适中的下午，武汉长江大桥钢梁架设工作整体完工了！经过一年多的努力，DK35吊机出师告捷，成功完成武汉长江大桥的钢梁架设任务，完成了中国桥梁建设史上一项具有跨时代意义的任务。

在场的工程技术人员和大桥局的各位领导都激动地流下了眼泪，他们迫不及待地跃过五六号墩之间的钢梁，感受这一历史性的时刻，他们无比自豪和荣幸地成为从汉阳"走"到武昌的第一批人！天堑从此变通途！

DK35吊机在完成武汉长江大桥的钢梁架设任务之后，通过改进走行设备和电气控制系统，于20世纪60年代又一举跨上南京长江大桥的桥墩，架设了南京长江大桥的钢梁。DK35吊机虽然结构并不复杂，但由于它产生的历史背景和意义，成为后期制造各种架梁吊机的参照，它也由此成为中国桥用架梁吊机的鼻祖！

装备史话

7035起重机
九江长江大桥显神通

文/刘　昱　杨瑞娟

　　进入20世纪70年代后，我国的机械工业和科技发展水平都上了一个新台阶，实力大大增强。但如何摆脱传统的操作模式，跟上时代发展的步伐，为九江长江大桥"量身"研制一款回转半径大、允许起重高度高、稳定性好、工作范围广、操作性能强等特点的起重机械，这一难题再次落到了中国桥梁人的肩上。

厚积薄发

　　九江长江大桥正桥为11孔钢梁，其中正桥主通航跨为180m+216m+180m的桁拱组合体系，宛如一道"彩虹"横跨长江两岸。为了高质量地完成九江长江大桥的架设，机械专家们经过仔细研究，提出了在原DK35吊机及一艘日本战败后留下的美式起重船的设计原理上进行技术改造，淘汰了一次只能操作吊机一个动作的连杆式操纵模式，改由更先进的工作风缸和操纵阀控制系统，电动机集中驱动，气压操作，实现主、副钩升降，臂杆起伏及上底盘全回转，上底盘与走行平车的轴承座之间用交叉滚柱轴承连接，全部机构运动由司机操作台上的电气按钮及操作阀门集中控制，从而简化了工人们的操作程序。其中最值得称道的是新设计的起重机，在确保大桥钢梁架设最大吊重35t的情况下，完成整机360°全回转起吊，而不像DK35受斜拉杆和横拉杆固定性的影响，只能旋转228°，从而极大地优化了架梁施工工艺。以往DK35吊机因为受到旋转方向的制约，走行系统需要靠人工搬运安装，费时又费力，而新研制的全回转起重机一举攻克了这一难题。当架梁需要行走至下一架梁节间时，起重机将扒杆旋转180°后将事先排扎好的轨道整体起吊至起重机的前方，而后安装固定行走至下一起吊点，大大提高了工作效率。因该机设计于20世纪70年代，技术人员便将其命名为7035型架梁起重机，又名"7035吊机"。

几经修改

　　有了详细的设计方案与技术储备，7035吊机很快就在九江长江大桥南北两岸"登场"，但在施工的过程中，7035吊机却出现了诸多令人始料不及的问题：工人们在驾驶7035吊机走行时，发现因走行机构与气动控制系统不一致，导致了主动走行机构驱动部分与钢梁上弦杆件及燕子板等物时有碰撞；另外，吊机微动性能不稳定，主要表现在主钩、副钩起升过猛，回转动作不平稳不易操控，这不但对架梁不利，而且很容易造成事故。在详细地了解了吊机在架梁施工中出现的问题后，技术人员火速赶赴现场，与现场施工人员一起对该机下底盘进行了加宽。九江桥上弦主桁宽为12.5m，吊机走行用的钢轨顶至燕子板的高度大于1.1m，三大拱最高点为29m，最大组合杆件重约35t。为便于在九江桥上架设钢梁，底盘前、中、后3片横梁接长至13.5m。经核算，下底盘加宽后各构件内力有所增大，前横梁与纵梁连接处的应力接近允许应力值，其余各处均有宽裕，故只对前横梁进行局部加固。另外，为了加强总体稳定性，技术人员还用两片桁架使前横梁与中横梁相连接。

7035吊机设计的最大技术难点是气动控制。该吊机的卷扬系统均由气控来控制。由于空气是可压缩介质，因此，由压缩空气来控制吊机的起升、下降及回转运动，就显得不够平稳，原控制系统也无能为力。为了解决这个难题，桥机厂的专家们认真分析了卷扬机的起升过程，找出了该机准冲击根源。他们发现当压力空气进入卷筒内涨离合器时，离合的摩擦力在一个时间段中，空气压力建立缓慢，离合器摩擦力很小，不足以带动卷筒。在之后的时间段内，空气在短时间内迅速上升，离合器摩擦力在加大之后，立即带动卷筒造成冲击。因此，在短时间内，人是很难作出反应的，吊钩要么不动，要么就上升过快，并且也极易发生安全事故。只有将压力曲线重新设计调整，使压力比较平和之后，才能便于工作人员操作。

为了解决这一问题，工程师提出了在风缸进口处加一个固定节流阀，以增大风缸复位弹簧的刚度，使得风缸的活塞动作平稳，促使离合器摩擦带逐渐合上滚筒，从而实现吊钩动作的平稳运行。回转动作冲击大与起吊不完全一样，它在起动和制动时都不平稳，但原理都是一样的。因此，在回转离合器上也采取上述措施，同时在制动器风缸排气口处加装一个固定节流阀，促使其逐渐制动，使得回转的起动与制动都比较平缓，从而为微动控制增加了一分保险系数。

一次意外

就在九江长江大桥如火如荼的建设时，一次意外事故险些使7035吊机夭折，但由于7035吊机卓越的性能，使这次事故化险为夷。在一次吊装过程中，一根8t多重的钢梁脱钩滑落，险些造成人员伤亡，这给工地现场造成了巨大影响。结合前期架梁因气动控制技术的原因，有些工程人员认为新研制的7035吊机存在诸多不稳定因素，还不如用大家熟悉了的DK35吊机，建议重新启用DK35吊机；而另一方则认为7035吊机在各项性能指标上均符合当时架梁技术的标准，更何况有气动、油压、离合器、微动控制等先进技术作保障。施工现场两方人员各执己见，对施工造成了不利的影响。总工程师在仔细检查了7035吊机的运转性能及事故现场后，回到大桥局向上级领导反映情况，并讲述了这样一个真实的故事。他说武汉大桥建桥初期也曾出现过类似的情况，当时一个运送钢梁的老装吊机驾驶员因个人原因，导致工程施工一度跟不上设计进度。前苏联专家经过仔细观察后发现，其原因是由于待遇不公造成的。原来，当时架梁的土木工人与装吊工一个月的奖金可以拿到120～130元，而一个七级的吊车机驾驶员一个月最多只能拿到90元，待遇上的悬殊造成了工人心理的不平衡，进而影响了工作。前苏联专家立即将此事反映到大桥局，当这一问题解决之后，所有问题都迎刃而解，之后工程进度加快，一个礼拜拼装一个节间，从此施工又恢复了正常。

在随即的大桥建设中，7035吊机凭借其紧凑的结构、灵活的操作系统和安全可靠的技术保障，为九江桥的建设做出了突出的贡献，从而在我国的桥梁史上又添写了浓重的一笔。

装备史话

天津海门开启桥提升设备诞生始末

■ 文/罗启放 杨瑞娟 刘 昱

在天津塘沽区海河入海口的上游，有这样一座桥，它全长550余米，如果有船经过，它中间的梁体部分可以平稳地提升24m，使完整的桥一分为三，甚是壮观。当高船通过后，它的梁体又可以温文尔雅地下降，与另外两部分桥合而为一，浑然一体。当夜幕降临时，桥灯辉映着开启的桥梁，蔚为壮观、风采尽显。这座桥曾获铁道部科技进步一等奖、铁道部优质工程甲等奖、国家优质工程银质奖和国家科学进步二等奖——它便是大家所熟知的"天津海门开启桥"。

天津海门开启桥建成于1985年，经过多次检测，各个部件至今仍运作良好，活动梁依然能够灵活地升降。20多年来，它在海河上充分履行着港口贸易、沟通公路网、缩短运距、节约能源、提高运输效率等多项使命。

天津塘沽地区沟通海河南北两岸最早的交通方式是轮渡，其渡口行业在20世纪60年代进入了大规模发展阶段。到了20世纪70年代，塘沽轮渡虽基本能够满足市民渡河的需要，但对于大型货运车辆来说，往返海河南北只能绕行海河防潮闸。20世纪80年代，随着塘沽区港口运输、对外贸易、海洋石油等飞速发展，以及经济技术开发区的高速建设，原始的渡轮模式成为了其经济进一步发展的桎梏，于是，建造海门开启桥便被天津市政府提上了市政交通建设日程。

海河不是很宽，桥址处通航高船的频率较低，如果建造高架桥，桥的功能不仅不能完全施展，造价也比较昂贵。综合考虑，天津市政府决定在此建造开启桥，这样只需要在通航高船的时候将活动梁提起即可。除此之外，7m的通航净高完全可以满足来往船只的需求。

在海门桥之前，我国仅有的几座活动桥或因年久失修或因活动功能下降而成为固定桥，那么在没有成功案例的前提下，海门开启桥是如何建造并且成功沿用至今的呢？当时参加开启桥提升设备安装调试的高级电工技师罗启放向我们讲述了其中不为人知的奥秘。

智慧创造卓越

桥机厂的经营人员在市场上捕捉到开启桥提升设备的竞

标消息后，立刻将信息反馈给了厂领导。而当时几家竞标厂家所提供的活动梁的提升方案基本上都是通过电动机和4个大型卷扬机控制活动梁的升降，活动梁的四角通过螺栓与卷扬机的钢丝绳相连接。那么在基本原理一致的情况下，桥机厂是凭借什么制胜的呢？

◆平衡力原理

要使跨度64m、重约630t的活动梁提升24m，这需要非常大的提升力，而如果完全通过电动机来提升，恐怕得需要几万千瓦的电动机功率，不要说这样的电动机在当时的国内没有生产，就是有，其耗电量也是惊人的。技术组巧妙地运用平衡力原理，在4个卷扬机钢丝绳的另一端分别安装了约100t重的平衡配重，再结合较小功率的电机驱动，这样，所需电机的功率就小得多了。

◆电轴作用

活动梁重达630t，因此保证活动梁的4个角"同步"提升或下降非常重要，否则，高低不平产生的钢丝绳的受力不同，会降低钢丝绳的使用寿命，还可能影响正常升降或产生机械磨损。为了解决这一难题，桥机厂的电气设计师想出用"电轴"连接两个提升机的卷扬电机，通过闭环调速来实现同步。他们在北塔楼设计安装了3个高度指示仪和自整角电机，分别显示南北两边提升机的提升高度、卷扬机的转速以及两边的综合对比量，控制系统可自动进行调整，操作人员也可以根据综合对比差对两边的提升速度进行调整。

技术组考虑到电缆从塔楼顶端穿过影响桥的美观，便将连接电缆设计在水下。在安装的时候，有人提出将电缆直接安置在水里，这样既方便施工又节约费用，但立即便被桥机厂技术组否定了。因为如果出现船抛锚的情况，那么对电缆的损伤是致命的。最后桥机厂技术组提出在水下挖铺电缆的专门沟道，这样虽然成本高、投入大，但从长远的安全性、永久性等利益考虑，必然利大于弊。

◆"二胡"发音原理

正当提升设备进入如火如荼的安装阶段时，甲方提出了一个关键问题：怎么来确定钢丝绳的受力是一致的？技术组解释说，我们把所有钢丝绳两端的螺栓拧的程度一样就可以了。甲方认为这个方法根本无法自圆其说，他们一定要直观地看到受力一致的结果。这个棘手的问题一下难倒了技术组的成员。钢丝绳已经装上了，并且4个角各有直径5cm的钢丝绳20根，两端的螺栓不会告诉你它所承受的力是多少，怎么来比较呢？技术组成员忽然想起了"二胡"，"二胡"能发出不同的音就是因为弦的不同部位受到了振动，而钢丝绳不就如同"二胡"的弦吗？在20根钢丝绳的同一位置给一个同样的力，只要发音一样不就代表它们的张力一样了吗？但是，在同一位置给一个同样的力容易，可是怎样来鉴别它们的发音呢？技术组成员翻阅了大量的资料，终于找到一种叫"频谱仪"的器具，它可以测量出振动频率。工程师们推陈出新地将这种频谱仪夹在钢丝绳的同一个位置，然后用榔头敲这80根钢丝绳，如果频谱仪显示频率不一致，就通过调整钢丝绳两端的螺栓来调整钢丝绳的张力，事实证明这个方法果然奏效。这个出其不意的创造令天津甲方称赞有加。

此外，技术组还在活动梁的停留位置设计了锁定装置（上锁定和下锁定）来固定活动梁，为保险起见，活动梁的上下限位都设计成两个。

百人"摇"桥

1985年10月，两根水下电缆还没有接通，天津甲方提出趁着这个机会验证一下技术组先前所说的开启桥的"手动功能"，并且检验一下已经安装的机械部分的使用效果。于是，技术组将先前设计的十几米的摇杆安装在了卷扬机的滚筒上。此时用于平衡的配重已经安装完毕，但是要把如此重量级的活动梁用"手"摇起来，也是相当不容易的。虽然当时没有装电梯，工人们必须爬到40多米的塔楼上，而且摇起来十分费力，但大家还是很积极地参与了这项活动，因为他们都想见证这样一座宏伟的桥在自己的手中升起。于是，100多人分成两队分别登上南北塔楼，从晚上9点到凌晨3点，他们轮流摇了7个小时，才把桥提起7～8m，但是整个过程进展顺利。实验证明，开启桥的"手动功能"及机械部分运作良好。

海门大桥显雄姿

1985年11月13日上午9时，海门开启桥上锣鼓喧天、彩旗飞扬，时任天津市市长的李瑞环来到桥上，为我国当时跨度最大的直升式公路开启桥——天津海门开启桥剪彩。此时，站在北塔楼上负责启动开关的电工技师罗启放心潮澎湃，他扭动开关的动作不仅牵动着在场所有人的心，也关乎着这座桥的命运和设计这座桥的提升设备的桥梁机械制造厂的命运。

9点30分，罗启放手持的对讲机里传来了"启动"的命令，他小心翼翼地将手放在开关上，向右一扭，只见桥的中间部分缓缓升起，3分钟后，活动梁稳稳地停在了塔楼的上限位上。此时，早已等在海河上的大船伴随着一声汽笛向对面驶去。之后，活动梁又缓缓下降，与另外两部分桥体完美对接，在岸边等候已久的汽车又在指挥下缓缓地驶到了对岸。整个过程一气呵成，完美无瑕。

海门大桥的建成通车，不仅解决了塘沽区海河两岸的交通困难问题，更有利于港口贸易和地方工农业的发展，有利于海河南岸近10km²盐碱荒地的开发利用，获得了显著的经济效益。由海门大桥组成的"海门古塞"也成为当时的津门十景之一。

装备**史话**

我国第一台双臂式架桥机

■ 文/刘 昱 杨瑞娟

　　一座桥梁就是一座丰碑，同时，一座桥梁也记载着我国桥梁施工中鲜为人知的创新与故事。回首改革开放30年我国桥梁装备的发展历程，科技创新无不渗透其中，而有着长江上第四座里程碑之称的九江长江大桥即将迎来它诞生后的第14个春秋，这个20世纪90年代中期世界最长、工程量最大的公铁两用钢桁梁特大桥，它又承载了多少创新的施工工艺和大型技术装备？带着这样一个问题，笔者采访了时任铁道部大桥工程局桥梁机械制造厂的总工程师钱学新，让他为我们解开这一谜题。

记者：钱老，据我们所知，在您参与修建的九江长江大桥建设过程中，采用了大量当时最先进的桥梁施工技术，您能为我们列举几例吗？

钱学新：桥梁在发展，科技在进步。在九江长江大桥建设中，我们使用了许多当时首屈一指的先进装备，如7035型全回转式架梁起重机、DQ2450型和DQ2450B型反循环旋转式钻机，以及300t双臂式架桥机。在这其中，特别要强调就是300t双臂式架桥机，它不仅在全桥的施工中起到了举足轻重的作用，而且也开创了我国大型桥梁架设的新工法。说句不夸张的话，要是没有这台300t架桥机，九江桥的造价恐怕要远比预算大得多，这在当时的时局条件下也是很难实现的。

记者：据了解，在当时架设这样的桥梁，通常所使用的都是钢栈桥配合大型龙门吊的架梁施工方案。那么，我们是基于什么样的想法放弃了这种架梁工艺，研发了这台300t架桥机呢？之前有类似的架梁工法依据吗？

钱学新：在此之前我们都是沿用老的架梁工艺，有它的优、缺点。龙门吊施工相对需要地势平坦的地区，以便于架设龙门轨道，而我们都知道九江长江大桥所处地段地形复杂，有两处（一处有3个墩，一处有12个墩）需通过白水湖，另一处要跨越沿江公路的路堤。这两段地形都不易于龙门吊的架设。因此，假如要用龙门吊架梁，则需要在两边修栈桥，其费用与用架桥机的费用相比昂贵得多。不仅如此，如在路堤处架龙门吊就需要破堤，这会受到水利部门的限制。基于以上诸多问题，我们决定采用架桥机架梁这种施工工艺。

其实，早在20世纪60年代，架桥机架梁的施工工艺就已经产生了。当时铁道部正在建设西南成昆铁路线，该线位于高山峡谷之中，没有平地，无法满足龙门吊的架设需求，只能利用架设好的桥墩和一段梁的梁面上仅有的空间一段一段地向前架设，而架桥机的思路也便由此引发。

九江桥引桥箱梁长达41.7m，一片梁重达270t。最初大桥局让设计处根据架桥机工作原理，按照成昆铁路单梁130t架桥机的设计方案进行设计，结果因其走行机构复杂，无法满足现实施工要求而宣告失败。由于架桥机能否正常设计使用，机械因素占很大方面，于是设计处决定把结构设计人员派到桥机厂，由桥机厂主持设计，同时，机械与结构相互协调。经过一段时间的分析和研究，我们发现原先仿照昆线单梁130t架桥机机械制造工艺方案存在安全系数较低的隐患，一致建议将"单梁"改为"双梁"，吊点设在中间，将架梁过程由原来的"一人挑"变成"两人抬"，这样从机械结构和平衡角度来说，双梁架设更稳定、更安全。这个建议最终得到了设计处和局领导的一致认可，于是设计处工程师带着两个结构设计师与一批搞机械的设计人员一同开始了研制300t架桥机。

记者：我们知道了300t架桥机的由来，那您能谈谈该架桥机的技术性能及主要构造吗？

钱学新： 首先，用架桥机架设重量为300t的40m铁路预应力钢筋混凝土箱形梁，在我国还是第一次。在缺少资料的情况下，我们克服困难，设计制造了这台架桥机，这不能不说桥机厂的领导和技术人员确实具有敢于创新、勇攀科技高峰的实践精神。

300t架桥机由主梁、支腿（前、后及中间）、龙门天车、运送台车等部分组成，机体均用16Mn钢材焊接制成。主梁全长84.8m，分为7节，每节长12m。主梁为40.7m+42m的两跨连续箱形双梁组成，中距为4.4m。它们在平面上由两根固定横撑和一根活动横梁相连，构成两个封闭框架。活动横梁是架桥机的关键部分，它由两片可作水平旋转的伸臂梁及两个水平销轴栓合组成，为此我们大胆尝试，成功地解决了架桥机的自行。

在各支撑处的横截面上，横撑和后活动横梁分别与各支腿形成3个刚性门架，这就改善了梁体在平面上的支撑状况，增强了整体刚度。为避免梁体在受载变形后产生水平推力，架桥机在纵向立面采用了一个刚性支腿和两个柔性支腿的一次外超静定结构，由此改善了架桥机对施工的不利影响。

架桥机组拼好后，靠两台自行小车托住两根连在主梁上的可开闭的活动横梁走行，自行小车兼作运梁台车之用。架梁时，自行小车从后端将待架的梁运至架桥机内，然后由架桥机上的两台自行龙门天车将其吊起，送至前端桥孔，落梁并横移就位。

架桥机走行时，前端伸臂45m，箱梁将压力传至前台车上，再通过主梁上的"牛腿"传至一根竖轴上，而后力由竖轴与"牛腿"传至活动横梁上。横梁是拉弯构件，一部分拉力通过水平销轴由活动横梁相互平衡，而弯矩则分别由两片活动横梁单独承受。整个走行过程宛如两只强劲有力的臂膀连接在一起同时向前延伸，稳定可靠。

这些看似简单的架梁工艺在研制生产过程中却费了不少工夫，后经过技术组反复试验和正式架梁之后，最终证明了该设备的各项技术性能均达到了大桥架设的施工要求。

记者：一个新鲜的事物在它诞生过程中难免会遇到波折，您能告诉我们在架桥机的研制过程中您印象最深的是什么吗？

钱学新： 的确有件很有意思的事。当时，我们正在边设计边制造的过程中，设备使用单位认为采用架桥机架梁方案，不如龙门吊架梁方案安全、稳定、牢靠。他们宁愿多投资搭栈桥、铺轨道，与水利部门协商破堤，也不甘冒风险使用一台从未使用过的新设备。当时一位副总工程师还特地递交了一份施工方案修改报告，其中谈到由于技术创新存在巨大的不确定性，不一定会带来预期的效益，而一旦不成功，除巨额投资血本无归外，连单位的金字招牌都会受到影响，因此建议改用老办法。

但大桥局领导很支持桥机厂这种敢于创新、勇于突破的精神，经详细论证后一致支持创新的举措，坚决要用这套新的施工方案架设九江长江大桥，从而为300t架桥机的诞生提供了坚实的后盾。

经过一番周折，300t架桥机终于研制成功，当时我和桥机厂的一批技术骨干作为新设备的技术指导组成员赶赴工地现场做安装及技术指导，并为其架设完两片箱梁。我还记得架设第一片梁时，我就站在架桥机上看着架桥机一点点的移动，那时的心情真是无比激动……

后记：300t双臂式架桥机的诞生为我国九江长江大桥的建设立下了汗马功劳，同时，也为中国的桥梁建设在后来的岁月里增添了一套新的施工工艺。目前，我国的架桥机已发展到了900吨，但300吨架桥机作为先行者，它的研制成功为我国桥梁装备史的发展做出了不可磨灭的贡献。

装备史话

桥梁建设工法的春天
——我国首台大跨度预应力混凝土梁架桥机

文/杨瑞娟 刘昱

当第一块工厂化生产的96m预应力混凝土梁成功架设到预定桥墩上时,我国的桥梁架设技术已悄然发生了重大变革,传统的32m预应力混凝土梁已被突破,桥梁架设向着大跨度、高强度的预应力混凝土梁发展,桥梁建设工法又迎来了一个明媚的春天。其中,起决定性作用的装备就是——大跨度预应力混凝土梁架桥机。

20世纪90年代,随着科技不断进步,高强、轻型、整体、大跨度、新结构成为桥梁建设的新趋势,预应力混凝土梁逐步进入工厂化、标准化、重载化生产时期。架桥机作为一种能在桥位上采用移动支架法施工的机械设备,不仅能够满足技术要求,大大提高建桥速度,而且经济上优于悬拼、悬浇,技术上更稳妥、安全。1995年,国家重点建设项目,石长铁路长沙湘江大桥为当时我国建设的最大跨度的桥梁,其跨度为96m,堪称大跨度预应力混凝土桥梁建设的代表之作。但由于受运输条件和架桥机起吊能力的限制,国内预应力混凝土梁难以突破32m跨度的制造瓶颈。因此,要建造石长铁路长沙湘江大跨度桥梁,首先要解决大型大跨度桥梁施工装备,新型架桥机的研制迫在眉睫。为此,大跨度架桥机的研制被列为"八五"科技发展项目。

铁道部根据国内建桥业的发展，要求架桥机的总体性能和主要特性均达到国内外先进水平，并且功能要实现多样性。具体要求为：基本工作跨度为64～80m，增加辅助设施后，能使工作跨度扩展到96m；施工方法既能悬臂拼装，也能悬臂灌注，而且能在桥位上整体灌注较小跨度的预应力梁；能整体吊装32mT形梁和40m箱形梁等。为全面实现上述要求，结合具体工点，逐步实现其多功能的方法是可行的，而石长铁路长沙湘江大桥就是比较合适的工点。

科技支撑

湘江大桥位于距长沙市区约15km处的湘江下游月亮岛，现已命名为月亮岛大桥，为国家重点建设项目。开始进行大跨度造桥机的设计构想时，设计院已经完成了月亮岛大桥的初步设计，但为了实现桥梁装备与桥梁施工工法的"双赢"，专家们还是决定更改该桥的设计方案，使架桥机与该桥施工工法相结合。

新研制的架桥机由主桁、支承结构、起重小车三大部分组成，支承结构由前支腿、前中支腿、后中支腿、后支腿四大部件组成。考虑到架桥机自重以及起重小车的移动，攻关小组将桁架设计为高5m、宽2m，但这么一个"高"而"窄"的桁架，还必须承受一定重量来回移动的部件，会不会在移动时重心不稳，引起侧倾呢？一旦侧倾，损失惨重。技术人员找到了中南大学长沙铁道学院，委托他们对架桥机进行论证。经过分析，他们坚定地认为"架桥机不会侧倾失稳，其稳定性有保证"！有了这个科学的分析做后盾，技术人员排除了后顾之忧。

架桥机工作时，横跨3个桥墩，向前移动时，中支腿上的牵引机构牵引整机向前滑移，主桁前端导梁像伸出的胳膊一样，以最大悬臂到达前方桥墩，导梁的重量与长度使其向下挠曲，然而这个挠度究竟多大才恰到好处呢？

挠度过大，则导梁无法架上前方桥墩，但如果因此而增加桁架的刚度，则存在费用和自重问题。攻关小组最后从全局考虑，将这个变形设计为2m，即导梁向前移动时，最前端与前方桥墩高度相差2m。后经专家们的评审核定，最终一致通过了这个设计。

有惊无险

架桥机作为一种桥上移动支架施工设备，它要承载起重机具、预制梁等，刚度必须达到一定的要求，因此，这个刚度也就成了重点检测项目。

然而，就在检测人员检测支架杆件时，意外发生了。抽检的六根杆件中有一根不符合要求，立刻又抽检了六根，结果又有一根不合要求。厂领导当即决定，把购买的三百余吨杆件全部检查一遍。这可是一项繁重的工程，检测人员三班倒，连续奋战了三天三夜，共检测出11根不符合要求的杆件。

"如果当时我们没有那么幸运，第一次没有抽检到不合格产品，那后果是怎样的，大家想都不敢想。"亲历者的讲述让我们也感到后怕。

1995年底，国内首台架桥机终于揭开了神秘的面纱，并进行了试吊。该架桥机的吊重为150t，为了达到这个要求，试吊人员采取浮箱加水，再在上面绑上杆件的方法进行加载。然而意外又发生了，浮箱刚被吊起，就倾倒了。难道是设计不合理？难道要功亏一篑？

事后，技术人员对试吊失败的原因进行了全面查找，最后发现，原来问题出在"道具"上：用来充当吊重的浮箱因为上面绑了过多的杆件而头重脚轻，失衡而倒！

铸就卓越

1996年初，架桥机在石长线长沙湘江大桥进行实地架设和性能测试。虽然各项技术参数都符合设计要求，但毕竟还没有经过实践的检验。当架桥机的两台起重小车吊起从梁场运来的预制梁节段，放在架桥机的前跨和后跨时，在场人员都舒了口气。而当第一片梁完全架起时，现场情不自禁响起了掌声。

1996年7月，架桥机正式"爬上"了桥墩，在0号块两侧同时对称拼装。当一个"T"构拼装完成后，架桥机可整机向前滑移一跨，进行下一个"T"构的悬拼，直至合龙。

架桥机采用当时先进的机电液一体化构造，配备先进的保护装置，当受外力影响，出现偏移时，架桥机可随时"发现"并且自行纠正，因此架梁的线形很好。而当风速超过规定时，架桥机会自动报警并中止操作。架桥机的优良性能使得它悬拼一个节段仅需2天，完成一孔96m梁的架设最快为26天，比用挂篮悬臂浇注提高工效3倍！并且节段梁块为工地预制，可以与桥梁下部的结构同时施工，大大缩短了总工期。

大跨度预应力混凝土梁造价低，易于维修保养，而大跨度架桥机的成功研制和使用，开辟了桥梁施工的新渠道，促进了桥梁装备行业的"百花齐放"。

1998年，在原技术基础上，该架桥机将96m改造成64m，用在株六复线南山河特大桥和新响琴大桥预应力混凝土连续梁的施工中，此次施工虽跨度有所减小，但实现了"全悬挂整体张拉"，又是一个突破！

96m大跨度混凝土梁架桥机的成功研制，为我国大跨度桥梁提供了一个新的施工方法。凭借其优异性能和卓越贡献，大跨度预应力混凝土梁架桥机荣获了1999年度国家科技进步三等奖！

装备史话

KPG-3000全液压钻机的诞生

文/吴时才 杨瑞娟 刘昱

据有关统计，钻孔灌注桩在桥梁深基础中使用率高达95%以上，且孔径越来越大，钻孔深度也随入岩深度不断增加，而国内的钻孔设备还停留在20世纪80年代使用的BDM系列钻机，它能否满足桥梁施工的发展呢？

市场的呼唤

1993年，技术人员专程到武汉长江二桥和铜陵长江公路大桥工地，对基础施工中钻机的应用情况进行了调研。武汉长江二桥基础施工中，钻孔直径为2.5m，地质为强胶结层，施工机具为20世纪80年代风靡一时的BDM－4A型钻机。由于孔径大，地质复杂，软硬胶结，BDM－4A型钻机显得"力不从心"，扭矩和钻压都不能满足施工的需求。特别是该钻机为机械变速，调节不到适应的转数，适应不了地质状况，造成钻机跳动剧烈，钻杆扭断频繁，钻孔周期长，最长钻孔周期达到44天。为此，施工单位又更改了施工方法，先钻1.45m的孔，然后再更换钻头，将孔扩为1.95m，最后用同样方法将孔扩为2.5m，通过"三次成孔"的方法，钻孔速度有所提高，但成孔速度最快也要19天。

铜陵长江大桥的基础施工中，钻孔直径为2.8m，覆盖层为3m卵石层，基岩为砂岩，钻孔设备为BDM-4A型钻机和KQP-3500型钻机。用BDM-4A型钻机成孔约28天，而KQP-3500型钻机的性能达不到设计的要求，液压件质量和寿命均得不到保证，钻进速度也很不理想。无奈之下，只好在1994年初从国外购买了一台动力头钻机，总价170万美元。

当时，国家外汇能力有限，桥梁基础施工要求又不断提高，是依靠进口，还是自力更生依靠国人智慧研制自己的产品？基础施工设备的发展面临新的抉择。

全新的突破

当时国内钻机水平与国外先进产品差距还很大，那么是在原有设计思路上扩大钻机的能力，还是在设计理念上不断更新缩短差距？技术人员选择了后者，舍弃DQ2450旋转式钻机

和BDM系列钻机的机械驱动方法，向"全液压"传动方式迈进。

"全液压"意味着要把过去的纯机械传动变为液压传动，采用液压传动方式驱动转盘和卷扬机，转盘带动钻具回转钻进，空气反循环排碴，完成钻孔桩施工。工作时转盘的转速不依靠变速箱变速，而是通过改变液压马达的给油量来调整转盘的转速。

设计组将国内外同类钻机的技术性能及使用效果分别进行了研究和比较，并结合自身企业生产的BDM系列钻机的研制与施工经验，采用优化设计，确定了新型钻机的主要技术结构和性能：它主要由钻架、转盘、水龙头、钻具、液压卷扬机、钻杆起吊回转装置、液压站、电气及回转装置等部件组成。转盘为液压马达驱动，钻孔直径在岩石上为1.5~3m，一般土质最大钻孔直径可达6m，最大钻孔深度130m，转盘最大扭矩200kN·m，转盘可无级调速。水龙头提升能力为1200kN。因此，分别取"孔、盘、轨"字的首个字母和最大钻岩直径，将钻机命名为"KPG-3000型全液压钻机"。

攻克难题

KPG-3000型全液压钻机的工作原理是液压马达驱动转盘旋转，转盘带动钻杆，钻杆连动钻头回转钻进。

在方案讨论中，驱动转盘是使用高速液压马达，还是使用低速大扭矩液压马达，设计组成员有不同看法。有人认为高速液压马达，国外用得比较多，日本日立株式会社和德国维尔特公司生产的钻机，都是采用高速液压马达，有成功的经验，研制风险小；有人认为低速大扭矩液压马达与钻机转盘之间没有减速机，简化了钻机的传动结构，可以提高传动效率和产品使用寿命，增强钻机的平稳性。通过反复讨论，最后设计人员决定不囿于国外经验，以设备的性能需求来决定设计思路，使用低速大扭矩液压马达，并采用品质优良、由瑞典生产的MK型低速大扭矩液压马达率先使用在钻机上，使钻机的平稳性和使用寿命都得到保障。

另一技术难题，即如何使钻机在钻进过程中保持恒压自动钻进。国外进口钻机的钻进控制系统性能欠缺，只能根据液压表的油压来间接控制钻进。为此，电气工程师专门研制了ZK-2型钻压控制仪，它不仅能对钻机的钻速、扭矩、钻压等主要参数进行检测监控，还可根据施工工艺要求设定的给定值，对作业过程实行自动控制。另外，仪器还可实时显示作业过程的钻压、转速、扭矩等参数，使之与施工人员的工作有机结合，减轻操作人员劳动强度，提高施工质量和效益，保护设备安全。

之后，技术人员又相继解决了转盘体、钻具、水龙头等关键部件的加工难题，于1994年顺利完成了试制任务。

技压群雄

1995年，香港新机场工地开工，先用的是国内另一厂家生产的普通钻机，没想到在钻4个较浅的孔的过程中，钻头就掉了4次，有两个钻头掉入孔后因塌孔而无法继续使用，损失惨重。后用BDM-4A型钻机，但也因钻机能力小，钻孔周期最长达31天，只钻了6个孔也停止了。最后将KPG-3000型钻机在该工程中进行工程试验，该钻机不负众望，完成直径2.5m、深45~85m的孔19个，入岩深度为1.5~21.84m，成桩18根，另一根因钻至溶洞而停钻。更令施工人员惊喜的是，一直到钻完孔，都未发现钻机水龙头有漏浆现象，彻底解决了一般水龙头钻3~5个孔就出现漏浆的难题，这在国内外同类型钻机中都属罕见。

因此，有的用户这样评价这台钻机：它不但整体性能优越，扭矩大，水龙头提升能力强，有效钻压可达80多吨，钻进效率高，在强风化岩层和微分化岩层都达到了理想的钻进速度。同时采用了液压驱动，可实现恒扭矩下无级调速，满足了香港地区地质复杂的施工要求。这台钻机在香港的良好表现，彻底改变了部分港人对国内机械产品的不信任感。

1997年3月，我国第三座横跨长江的公路、铁路两用特大型桥芜湖长江大桥开工。在该桥基础施工中，KPG-3000型钻机完成了0~14号桥墩中直径2.5m的钻孔桩19根，直径2.8m的钻孔桩16根，直径3m的钻孔桩94根，共129根！钻孔入岩深度视岩石风化层厚度不同分别为5~24m，性能良好。特别是钻杆的设计，拆装方便，提高了钻杆在大扭矩工况下施工的可靠性，同时也减轻了工人的劳动强度。

钻孔桩施工完毕后，全部进行了超声波检测，都符合要求。在芜湖长江大桥技术总结中，这样评价KPG-3000型钻机：研制使用的KPG-3000型钻机，使钻孔桩施工取得全面成功，保证并提前了工期，取得了较好的经济效益。KPG-3000型钻机为芜湖桥下部基础顺利完成起到了举足轻重的作用，也为芜湖长江大桥实现主跨312m，成就国内甚至亚洲是第一座大跨度的公铁两用斜拉桥起到了至关重要的作用。

1999年初，宜昌夷陵长江大桥项目部起初选用了BDM-4A型钻机，但复杂的地质状况使BDM-4A型钻机不仅钻进慢，而且损坏严重。迫于工期的压力，只好改用KPG-3000型钻机，从而顺利完成了27根直径2m的钻孔桩，在场施工人员都为之震撼。

1996年7月26日，技术单位委托湖北省科学技术情报研究所对KPG-3000型液压钻机进行了技术查新，查新检索得出这样的结论：该钻机未见国内报道有关"采用先进的电液控制自动系统，将瑞典生产的MK型低速大扭矩液压马达应用在大口径工程钻机来驱动，采用闭环控制，由比例溢流方式控制钻压，自动进给的液压钻机"的相关结论。

1996年12月，KPG-3000型全液压钻机通过了铁道部科技成果鉴定。鉴定认为，本机性能优良，在国内同类钻机中处于领先地位，达到了国际先进水平，其中在监控技术、水龙头密封技术与提升能力方面居国际领先水平。1997年，KPG-3000型全液压钻机获得铁道部科技进步一等奖。

KPG-3000型钻机的研制成功，培养锻炼了一批技术人员，积累了经验，为后期成功研制KTY3000和KTY4000动力头钻机打下了基础。该钻机与日本、德国同类型钻机相比，价格低廉，仅为进口钻机的四分之一，为打入国际市场赢得了先机。

装备**史话**

我国钢桁架拱桥架梁起重机的发展与展望

■ 文/许 俊 余 巍

　　目前，越来越多的桥梁设计成钢桁架拱桥。如重庆朝天门长江大桥、南京大胜关长江大桥、武广客运专线东平水道大桥、柳州白露维义大桥、南宁三岸邕江大桥等。钢桁架拱桥具有外形美观、用钢量较省、跨越能力较大等优点。本文通过对四代拱上起重机的介绍，全面展示了我国钢桁拱桥架梁起重机的发展历程，为今后钢桁拱桥的建设提供了借鉴，同时对该类型起重机的发展方向做出了展望。

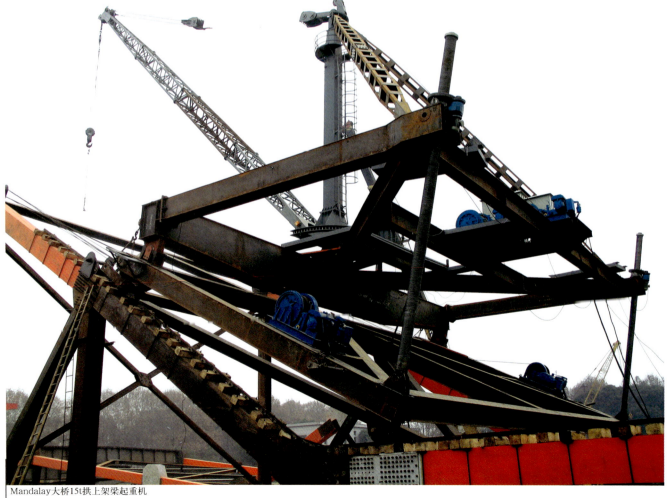

Mandalay大桥15t拱上架梁起重机

产生及工作原理

我们通常所称的架梁起重机均在水平面上作业，即非坡道作业（即使略有坡度一般也不超过5°）。如需在较大坡度的坡道上吊重作业，现有起重机将因自身失衡而不能工作。对于钢连续桁架梁桥的施工，我国较早就采用了架梁起重机悬臂施工工法。悬臂法施工过程中结构始终是以桁架体系向前推进的，具有刚度大、稳定性好等优点，因此被国内众多的大跨径桥梁所采用（如武汉长江大桥、南京长江大桥、芜湖长江大桥均采用架梁起重机悬臂施工）。

钢桁架式组合拱桥桁架顶部为拱形，钢梁上弦坡度一般在20°～30°之间，传统意义上的架梁起重机无法在拱顶坡度保持平衡，故早期主要采用缆索吊机施工工法及大型浮吊吊装工法。采用缆索吊机施工用钢量大、施工成本高；采用大型浮吊施工对施工现场地形要求过高、同时施工成本过高。因此为解决传统意义上架梁起重机不能在坡道上吊重作业的问题，拱上架梁起重机提出双层底盘结构及起重机调平机构技术方案，解决了现有架梁起重机在坡道吊重自身失衡问题，从而实现该起重机可在30°以内坡道上吊重作业的目标。

利用拱上架梁起重机架设钢桁架拱桥具有以下特点：拱上架梁起重机施工系统对于跨度大的拱桥施工具有起重能力大、适用性强、施工速度快等特点；基本不受地形限制，节约施工材料，提高安装质量和工作效率；对于拱肋节段安装施工高空作业安全性更有保障，安装质量更可靠。拱上架梁起重机要求起重机能够在钢桁拱梁上弦行走，能够同时完成边跨平直梁和主跨拱梁的架设。为了适应主跨拱梁曲线起重机的作业要求，起重机设计有两层底盘，下底盘与钢桁拱梁保持基本平行状态，上底盘要求能够与拱顶坡度变化保持水平状态。与钢连续桁架梁桥架梁起重机一样，钢桁拱架梁起重机同样要求具有提升、变幅、回转、底盘调平、整机前移及锚固等功能。

拱上架梁起重机上部结构为一套独立的起重机，负责整个架梁起重机的起升、回转、变幅、上底盘调平等功能。下部结构用来支承整个起重机，同时负责起重机的走行、锚固功能。拱上架梁起重机的关键点在于上底盘的调平，只有当上部起重机保持基本水平状态，整个起重机才能安全、正常地进行架梁作业。上部吊机部分和下部走行部分前部通过设在下底盘上的支座铰轴连接，后部通过上底盘螺旋调平机构连接。调平机构为一对大螺杆机构，在上底盘的尾端安装有一对可转动的大螺母，大螺杆下部为一带销球头，安装在下底盘的尾部，由电机减速机驱动齿轮转动带动大螺母实现转动。大螺母带动上底盘上下移动，从而实现吊机上底盘始终保持水平状态。前部的支座铰负责将上底盘的垂直力和水平力传递到下底盘，后部的大螺杆负责将吊机工作时的反力和吊机部分的自重传递到下底盘上。整机前方与已架设钢梁锚固承担整机在坡道上的下滑力，后方通过锚箍与已架设钢梁抱死锚固承担整机的前倾反力。整机采用卷扬机拖拉法在钢梁上弦铺好的轨道上走行。

发展历程

从2004年第一台15t拱上架梁起重机到2008年东平水道桥55t全回转拱上架梁起重机的成功应用，我国钢桁拱桥架梁起重机经历了4次跨越式发展。

我国第一台拱上架梁起重机是为缅甸Mandalay大桥钢梁架设要求专门设计制造的15t拱上架梁起重机。缅甸Mandalay大桥桁宽17m，拱段最大坡度为38°。Mandalay大桥15t拱上架梁起重机不依靠其他设备实现了在平弦和拱弦钢梁上前进后退，并能实现自我锚固，起重机能够沿38°的斜坡爬行，能同时满足平弦钢梁和拱弦钢梁架设。该起重机的起重能力为150kN，最大起重力矩2400kN·m，起重机的自重≤90t。

Mandalay大桥15t拱上架梁起重机起重能力小，一次站位仅能完成一个节间钢梁架设任务。起重机走行时需要通过人工或辅助设备将起重机后方的走行钢轨枕木转运到起重机前方安装。频繁的走行、轨道转移及人工转移轨道使得架梁起重机的工作效率并不高。

在Mandalay大桥15t拱上架梁起重机的基础上，我国第二代拱上架梁起重机——重庆朝天

装备史话

重庆朝天门长江大桥80t拱上架梁起重机

南京大胜关长江大桥70t拱上架梁起重机

门长江大桥80t拱上架梁起重机作出了一定的优化设计。朝天门大桥全长为1126m，桁宽为29m，共有12m、14m、16m等三种节间形式，拱段最大坡度为22°。

重庆朝天门长江大桥80t架梁起重机设计与Mandalay大桥15t拱上架梁起重机原理一致，是在钢桁梁上弦行走的人字形桅杆式起重机，能够同时完成边跨平直梁和主跨拱梁的架设，具有提升、变幅、回转、底盘调平、整机前移及锚固功能。起重机最大起重能力达到80t，起重力矩20800kN·m，最大起升高度达到了190m。起重机可实现一次前移，站位于节点后2.5m锚固，完成14m、16m节间距逐个节间的钢梁架设；在进行12m节间距钢桁梁架设时具有一次前行站位完成两个节间架设的能力。为了解决吊机轨道转移困难，起重机在上底盘桁宽方向两侧加装了两套轨排转运机构，通过两侧的电动葫芦将起重机后方的轨道转运到起重机前方，大大减少了人工转移的工作量及操作风险。

重庆朝天门长江大桥80t架梁起重机起重能力大，同时实现了一次站位架梁两个节间的施工效率，也实现了轨道转移的自架功能。但是，由于受上部桅杆式起重机的工作模式限制，起重机只能在正前方±90°工作，起重机无法在后方进行临时吊索塔架安装及进行一些辅助作业。

第三代拱上架梁起重机南京大胜关长江大桥70t拱上架梁起重机在这方面作出了进一步的优化设计。南京大胜关长江大桥全长1615m，主跨桁间距有12m，13.65m，15m和15.72m 4种节间形式，为三主桁承重结构，桁宽为2×15m，拱段最大坡度为28°。

南京大胜关长江大桥70t拱上架梁起重机上部起重机部分仍然是桅杆式起重机，在上底盘桁宽方向两侧加装了两套轨排转运机构，上底盘后部安装有一台辅助吊机完成三桁的锚箱架设。同时针对该桥三桁结构特点，在上底盘前横梁的中部增加了一套液压恒反力支撑，使得整机前支撑点变成二个刚性支点加一个柔性恒力支点的三支点工作模式，有效地分散了起重机上底盘前横梁的受力，使得起重机的结构变得更加轻巧。同时在电气控制上采用基准频率33Hz的变频电机，实现空载速度达到额定速度的3倍的高效率施工。

南京大胜关长江大桥70t拱上架梁起重机功能相对比较完善，基本能够满足钢桁架拱桥架设的所有要求。但是仍然局限于上部桅杆式起重机的工作模式，自身配备了多个辅助吊重设备来完成辅助作业。

第四代拱上架梁起重机东平水道桥55t全回转拱上架梁起重机脱离了上部人字形桅杆式起重机的工作模式，首次将全回转起重机工作模式应用到拱上架梁起重机。东平水道主桥全长为400m，为99m+242m+99m三跨连续钢桁系杆拱桥，桁宽为2×14m。结构采用三片平行主桁，桁间距11m，拱段最大坡度为23°。

东平水道桥55t全回转拱上架梁起重机的上底盘调平模式与其他拱上架梁起重机一样采用螺旋调平机构，上部起重机部分带有回转支承可360°全回转工作。该起重机除了满足桥梁边跨平直梁和主跨拱梁的架设外，无需辅助起重设备可自行回转到起重机后区进行起重机后侧塔架锚箱的安装及自移轨道的转运工作，通过先进的力矩限制器及行程开关限制起重机在后方的吊重能力，避免起重机在后方吊重时发生倾覆。在满足架设要求的前提下真正实现"一机到顶"（不需另外辅助吊装设备）的架梁施工工法，完成东平水道大桥所有钢桁梁、桥面板、拉索锚箱的架设和安装。同时也达到了真正意义上的自架自移功能，起重机可以360°回转到后方转运所有轨道，并将其铺设在起重机的走行前方，大大节省了整机的走行过孔时间。

从第一代到第四代，我国拱上架梁起重机从最开始的仅能满足架梁需要发展到"一机到顶"，从人字桅杆吊工作模式发展到全回转工作模式，使得拱上架梁起重机的运用和平弦连续钢桁桥架梁起重机一样方便、高效。尤其是目前的第四代全回转拱上架梁起重机模式更是具有良好的经济效应，上部的全回转起重机在施工完成后，可以根据需要加配重改装为50t全回转船用起重机，也可以用作建桥工地及码头的墩旁吊机。改变底盘结构及加配重后，可改装成自力走行的门座式全回转起重机、平弦桥梁架梁起重机。设备的重复利用率高，经济效益可观。

展望

纵观现代桥梁的发展方向，随着桥梁美学景观作用的提升，越来越多的桥梁将会被设计成钢桁拱桥。这就需要越来越先进的拱上架梁起重机。目前我国拱上架梁起重机已经完成了功能性应用发展过程，以后需要更多在经济型、操作性、安全可靠性上进一步发展。

◆目前我们拱上架梁起重机的前锚固是通过在钢梁上焊临时锚固板，来实现整机在坡道上的站位要求，这使得每座桥梁的架设需要多出近20t的临时安装用钢，今后应当研究充分利用钢梁节点螺栓孔的锚固功能，来实现起重机的前锚固功能。

◆对于现在的全回转作业模式的拱上架梁起重机，由于没有增设前锚箍，使得起重机在后方的起重能力为前方1/3，今后应当研究如何设计前锚箍，使得拱上架梁起重机实现真正意义上的全回转满负载作业。

◆对于目前拱上架梁起重机的钢丝绳拖拉走行方式，仍然存在轨道铺设、转运轨道的工序，今后应当研究更合理、更安全、更高效的整机走行模式。

◆目前对于拱上架梁起重机设计相对保守，随着成功应用的实例增加，应当优化计算方法，使得起重机结构更加轻巧，成本更低。

全回转拱上架梁起重机

装备史话

东海振翅"小天鹅"

■ 文/王少杰 高 武

桥梁建设的飞跃发展离不开工程装备的进步,"小天鹅号"运架梁起重船驶入蓝海,中国桥梁工程装备掀开了新的一页。走进"小天鹅号"的研发制造厂商武桥重工集团,相关负责人和设计者为我们讲述了"小天鹅号"在东海大桥架设中鲜为人知的故事。

背景：机遇与挑战

东海大桥工程是上海国际航运中心洋山深水港区一期工程的重要配套工程。在海上造桥不同于内陆江河，既要掌握复杂多变的工况，又要采取最经济最可靠的施工方案。为此，专家研究论证了采用60～70m梁，以海上运架梁一体化的方式进行施工，适合于跨海大桥的建设。这个论证奠定了我国海上桥梁建设的基本思路。由此，也需要设计出能够满足这种海上施工要求的装备。

然而，在当时制造如此大型的桥梁装备尚属首次。武桥重工集团党委书记陈维克一边演示着"小天鹅"架设东海大桥的模型一边介绍：东海大桥一片梁大概2200t，再加上吊梁扁担近300t，整个船就要满足2500t的吊重要求。他笑言当时"真是紧张得要命"。

据陈维克介绍："大概花了6个月时间，连设计加上施工工艺包括材料采购都做完了，总共花了大概9个月的时间实现设备从研制到投入使用，速度还是非常快的。"主要设计者周湘桥、吴元良通过对大力神、天鹅号这些国外发达国家的设备工艺的研究取经，不断研发、创新。起重架、卷扬机、液压传动设备和电子控制系统均为自主研发制造。由于学习借鉴了瑞典的"天鹅号"，所以命名为"小天鹅"。

陈维克坦言，装备做出来之后他还有三怕：第一怕是因为心中没底，第一次做这么大的装备，没有规范标准，在工期很紧张的情况下没有可以依照的章程；第二怕是源于过高的期望，责任重大，装备是否能够投入使用，关系到海上运架梁工法的成败；第三怕是担心市场影响，上海东海大桥之后紧跟着宁波杭州湾大桥，青岛海湾大桥等一系列的跨海大桥的建设，成功了皆大欢喜，前途一片光明，失败了难免会一蹶不振，甚至引发不良连锁反应。

虽然历经坎坷终成正果，回首往事，陈维克念念不忘的还是"小天鹅号"在架设东海大桥第一片梁时的"惊魂70小时"。

海上无风三尺浪，在茫茫东海上架桥和在内陆江河中有很大不同。接连出现的惊险情况，提醒这些从江河渚滩走到浩渺外海的桥梁建设者，考验才刚刚开始。

先失动力

首先发难的是舵桨系统。运架船推进系统配有4台柴油机，形成4个舵桨、方向动力系统——都被一个钢管罩保护装置罩住。问题出在离靠岸时锚绳钢缆没有及时收到船上，拖在水中与钢管罩里的舵桨绞到一起，打坏了一套舵桨系统。"本来4套舵桨系统均衡布置，缺失一套影响了平衡，需要偏舵来调整，这样又会牺牲一部分动力。"讲到这里陈维克轻叹了一声，造价昂贵的船还未架梁动力就损失了30%，同时不均衡的动力加大了其他3套动力系统的负担，形成了新的隐患，这怎能不让人揪心。

果然，紧接着又发生了柴油机飞车事故。实际上正是由于舵桨系统出问题后，其他3台发动机加大功率，造成了其中1台发动机疯转，烧坏了主轴。如此一来，也只好停下进度处理出现的问题。"2500t庞然大物，吊在空中漂在海上，谁也不知道会不会发生其他问题，如果晃荡起来如何控制？动力现已不足50%，后果简直不堪设想。"正如陈维克所说，稍有不慎，造价昂贵的小天鹅、70m箱梁都将毁于一旦，施工工法乃至整个东海大桥的建设思路都要被重新审视。后果绝不仅仅是一个"天鹅之死"！

值得庆幸的是，出问题的那套舵桨系统的发动机是完好的，将它和飞车的发动机调换一下，保证了3台柴油机和剩下的3套舵桨系统仍然能够正常工作。紧急更换和维修花了100多个小时，这期间两千多吨的梁加上额外载荷一直吊在空中，漂在水上。"小天鹅号"的设计者吴元良至今想起还心有余悸："当时还是很危险的，幸好天公作美,没有起台风刮大风。如果风浪大的话,修理更换发动机时还要避台风,那就很麻烦了。"

再战潮汐

"飓风拔木浪如山,振荡乾坤顷刻间!"外海潮大浪急,虽然在海岛的梁场取梁、吊梁阶段没有出现问题,控制系统有效、起重架受力情况比较好,但是驶入外海架梁时,难题接踵而来。

不同于有上下游之分的内陆江河,外海上潮水在涨潮时呼啸而来,在落潮时又奔腾而去,上游与下游经常交换。所以在海上只能利用涨潮和落潮之间短暂的平静时段定位落梁,利用潮涨到最高状态并持续稳定一段时间的"高平潮"时把梁放上去,这仅有的一两个小时是定位落梁的最佳时机。

在如此宝贵的时间内驾驭潮水,对于"小天鹅号"的动力、锚碇提出了很高的要求。"小天鹅号"需要逆流而上,利用动力和潮水的平衡使船稳稳驶向桥位。但是由于舵桨系统损失掉了30%的动力,逆水而上时因为动力不足而前进困难,及时准确定位就更困难了。

经历千险万难的"小天鹅号"好不容易驶入桥位,然而让人瞠目结舌的一幕出现了——施工作业队已经把桥梁的支座安上了。本来安上临时支座分步微调慢慢挪到位的话比较简单,但是现在安上了固定的支座情况就复杂了。如此一来,必须把所有螺孔和对应的螺栓完全对齐才能将梁放到支座上,也就是要"一杆进洞",难上加难。

桥梁四角有4个支座,每个支座上面有16个螺杆,16个螺栓必须严丝合缝放进去。70m长2000多吨的梁,吊在40多米高度上,而且又在海上漂浮,不可能没有一点晃动。在不断摇晃的情况下,一个螺孔对一个螺栓还可以,16个都要对好,很难放下去。紧张的架梁时间不允许再做修正,所有人的心都提到了嗓子眼。

"我们在架第一片梁的时候遇到这种情况,好在设备比较争气,该出的问题都出了,不该出的也出了,刚好那段时间风浪比较平稳,还是把梁架上去了。"由此吴元良更加意识到前期研究时和设计院、施工单位进行充分沟通的重要性,而且要在一开始设想做方案时就介入,一旦等到图纸设计完成再进行修改,既棘手,工作量又大。"在架设方案上施工单位没有我们经验多,因为我们先研究了工法,再研制装备。施工单位的精力是有限的,我们提供设备时可以同很多施工单位进行横向沟通交流。在行业里接触得比较多,自然经验就多了。"

吴元良表示沟通不畅常常导致装备出现问题,之前安装时也出现了船体接口和液压系统不配套的情况,造成局部漏油失压,这对液压系统的使用效果产生了一定影响。负责液压系统设计的严汉平对此表示无奈,不同单位对于装备的理解不同,无效沟通和意见难以融合依然是业界一个棘手的问题。

同舟共济

千钧一发之时方显英雄本色,起吊梁后,架设第一片梁的70多个小时,企业老总、设计师都在船上随时待命。

从头到尾都在船上坐镇的周湘桥、吴元良表示,装备的设计者要站在最危险的地方,正因为最危险才可以起到稳定军心的作用,因为设计者最了解装备,也最了解出问题后的后果。"我们都是这样,关键时刻领导干部、设计者冲在最前面,别人才放心。"这也是建桥者的传统,从武汉长江大桥开始就是这样,如果总工程师不上车,火车司机就不开车过桥。只要试验新产品，设计者就要站在最危险的地方，因为那也是装备的要害部位，可以观察设备是否正常运转，有无异常响声，而且也方便在出现意外时进行现场紧急处理。

陈维克难忘这如同梦魇般的3天，"没有现成的规范标准可依；大家都是第一次，没有经历过静载，动载，重载分步实验；连续发生意想不到的问题；工期又这样急迫，太紧张，惊心动魄……"

然而，这些从内陆江河走来的"弄潮儿"，在波涛汹涌的东海上人人都免不了玩一把"海上飞"。如同武侠片一样，上"小天鹅号"要通过拖轮将人摆渡过去，人员往来穿梭，物资前后输送。由于风大浪急，在海上无法像江河上那样靠在一起后，搭靠船帮让人从容通行。海上两船之间时近时远，左右摇摆，上下起伏，让人却步，从局长、总工到普通工人，此船到彼船都要纵身一跃"飞越海面"。胆大的陈维克上船后还顺着起重架爬过"鹅颈"，一直爬到了"小天鹅"的"鹅冠"上。在海上60m的高空，耳边咆哮的海风没有吹散他的焦虑，当时正是架梁的关键时刻。

最后所有问题都解决了（哪怕是暂时的），所有的困难都克服了，"小天鹅号"逐渐适应了东海波涛，经过那惊魂的几十个小时慢慢调整，终于把第一片梁落上，整个"小天鹅号"顿时沸腾。这些血性汉子在梁没架上时食无味夜难眠，指挥长恼急时把手机都拍碎在桌子上，如今所有人都激动地欢呼雀跃。连续很长时间在船上吃住的老总和设计师们早已疲惫，此刻精神一下放松下来。"顾不得高兴了，都想立刻找个地方躺下休息一下。"让吴元良安心的是，在这之后，按照这"海上第一架"的经验，梁越架越顺畅。

最终，在潮汐流速急、潮涌大，对于船舶航行和进出码头、断区定位的操作影响大的情况下，"小天鹅号"完成了东海大桥上294片70m箱梁的架设，载梁运输最长单程距离32n mile，最近距离13.4n mile，按平均航行里程计算，共航行13347.6n mile，完成了她"长风万里"的处女航。

现状：成绩与展望

桥梁的发展取决于装备的进步，"小天鹅号"是桥梁装备的里程碑，其技术也获得了国家科技进步二等奖。它及其改进型"天一号"3000t海上运架梁起重船在东海大桥、杭州湾大桥、青岛海湾大桥、浙江象山港大桥中显露身手。

截至2011年1月19日，"小天鹅号"先后架设了东海大桥、杭州湾大桥70m箱梁739片，广深沿江高速公路大桥60m箱梁190片，总延米30930m。目前继续参建广东省广深沿江高速公路大桥228片60m箱梁的架设施工。

在杭州湾大桥架设70m箱梁445片，载梁运输最长单程距离15.6n mile，最近距离4.2n mile，按平均航行里程计算，共航行8811n mile。该桥施工难点为潮汐差大、流速急、强潮涌，给船舶航行和进出码头、断区定位的操作影响大。在该桥施工中，曾创造"单船月架设40片"的国内最高纪录。

广深沿江高速公路大桥已经架设60m箱梁190片，载梁运输最长单程距离27.8n mile，最近距离18.9n mile，按平均航行里程计算，共航行8873n mile。该桥施工难点为航行须经过狭窄繁忙的衡门东和公沙水道，横穿繁忙的伶仃和矾石水道等4个航道，墩区架设施工水深不够等，给船舶航行和进出码头、断区定位的操作带来困难。

"小天鹅"振翅东海，迈出了跨越性的一步。中国桥梁建设与装备携手共进，从此开始了新的征程。

装备史话

四代钻机与四座标志性大桥

■ 文/杨瑞娟 康 萍

KTY4000型动力头钻机

1957年10月15日，万里长江第一桥——武汉长江大桥建成通车。"一桥飞架南北，天堑变通途"。此后，50余年来，长江干流上已架起了大大小小的近百座桥梁。一座座结构造型各异、技术先进的大桥，凌空飞架在长江之上，一个个桥梁建设的新纪录在这里诞生。

"工欲善其事，必先利其器"。在建设一座座凌空飞架的彩虹中，各种建桥装备应运而生，且不断推陈出新，为大桥的顺利建设立下了汗马功劳。用于基础施工的钻孔设备技术也是日新月异，在修建大桥中发挥了重要的作用。

YKC-31型冲击式钻机

夜奋战，设计出了一台提升量为5t、行程为1m的大型钻机设计图纸。

图纸是设计出来了，但当时的新中国成立不久，机械制造业基础相当薄弱，全靠工人师傅使用土法上马的制作工艺，苦干加巧干，留下了一段段至今难忘的佳话。在钻机的制作过程中急需一批滑轮片，一般的滑轮均采用铸钢或铸铁工件，可当时经租站还不具备生产铸铁的条件，更谈不上铸钢。于是苏联专家普洛赫洛夫同志找到顾茂林师傅，问他能否用大锤和手工打出滑轮片来？顾师傅冷静地想了一阵子，点点头说："请专家明天下午来看看吧！"次日下午，专家来到车间时，10个完整的滑轮片摆在地上，苏联专家连忙走上前去，向顾茂林同志伸出大拇指，不断地说："真了不起！真了不起！你有一双神奇的手啊！"原来顾师傅是用一条条的厚钢板，先锻打成一条条U型的长条，再把这个U形的长钢条，弯曲起来当作滑轮的外圈，然后在圈内镶嵌入一块圆形钢板当作轮毂，然后拼焊到一块，就成了一个完整的滑轮片。

这台钻机自1955年5月制造出厂并运往武汉长江大桥桥墩钻孔施工，作为大桥钻孔的主要设备，在7个月时间里就顺利完成了大桥的钻孔任务，桥梁钻孔水上施工的历史大门从此被打开了，也实现了我国钻孔机械的从无到有。

以YKC-31型钻机为代表的第一代钻机比较笨重，主要靠冲击力来打碎江底岩石。十字钻头的起落是依靠摇臂装置中的弹簧收缩来完成。这种工作方式对钻头的硬度和强度要求非常高。取钻碴时需要停止冲击，用取岩筒来"提"，非常笨重，称为我国的第一代钻机。

武汉长江大桥修建
YKC-31型钻机开辟了桥梁水上钻孔的先河

万里长江第一桥——武汉长江大桥全长1670m，正桥长1156m，大桥为公路、铁路两用桥。1957年10月15日，武汉长江大桥正式通车，结束了中国数千年来长江天堑有舟无桥的历史。

在武汉长江大桥开始筹建时，由于该桥桥址地质情况复杂，桥墩的修建不适用桥梁建设中惯用的气压沉箱基础施工法，苏联专家提出用全新的钢筋混凝土管柱钻孔法修建水中墩基础的创意。而这种施工工艺在我国甚至世界桥梁史都尚属首次，气压沉箱基础施工法完全靠人工在水下将岩石打碎，因为当时根本没有用于桥梁钻孔的专用设备。

当时负责为大桥工程局提供桥梁施工装备的大桥局机械经租站(武桥重工的前身)临危受命，负责生产一台适合武汉长江大桥施工用的钻机。在既无实物参照，又无现成资料可借鉴的情况下，技术人员苦思冥想，反复琢磨，连续多天日

DQ2450钻机钻头

装备史话

九江长江大桥修建
DQ2450旋转钻机应运而生

在YKC-31型钻机艰难地完成武汉长江大桥钻孔使命的过程中，敏感的桥梁设备设计人员就意识到这种靠冲击力来"打碎"江底岩石的方法效率低、进度慢，必定要被淘汰。此时，他们的脑海中已经酝酿一种"钻头能像磨盘一样把岩石磨碎"的新型旋转钻机，以便更好地满足桥梁钻孔的需要。

1973年12月26日，九江长江大桥开工。九江长江大桥是我国长江上唯一一座跨省公、铁两用桥。铁路桥长7675m，公路桥长4460m。该地区水域地质情况复杂，水深流急，江底岩石硬度高，当冲击钻机如剁肉酱般艰难地完成着北岸大孔径的破岩任务时，从施工现场发来了"南岸地质情况比北岸复杂得多，冲击钻机很难完成任务"的施工情况报告，将技术人员脑海中酝酿已久的新型旋转钻机的想法付诸现实已是迫在眉睫。

经过精心准备，由"大桥"两字的首字母"DQ"和代表钻头直径命名的"DQ2450"型旋转钻机开始正式投料制造了。桥梁装备历史的又一个转折点开始踏上了征程。

1979年3月风和日丽的一天，拼装完成后的DQ2450被运到了九江长江大桥工地北岸3号墩的施工平台上，当开动马达的一刹那，转盘带动钻杆钻头迅速向管柱内"探"去。几十秒后，钻杆带动整个钻机剧烈抖动，操作工人立即关掉了电源。经过勘测，发现江底岩石凹凸不平，而且岩石硬度过大，经反复研究实验，技术人员结合钻孔工艺，钻孔前将钻头缓缓放入管柱，使钻头与岩石平缓接触，然后提起，再下钻，待凹凸不平的岩面被削平后，再进行正常操作，从而解决了钻头上下抖动的"跳钻"现象。试验成功后的DQ2450旋转钻机每天可以钻进1.5m左右，比冲击式钻机的工作效率快了四到五倍！桥梁装备的又一朵奇葩绽放了。

DQ2450实现了桥梁钻孔设备从"冲击"到"旋转"的历史性转变，实现了从钻孔到排碴的有机结合，使九江长江大桥在很短时间内就完成了正桥11个孔的钻孔任务，为九江长江大桥采用大量先进技术和实现"全桥长度最长""钢梁跨度最大"等十多项全国第一奠定了坚实的基础。

DQ2450旋转钻机的主要特点是：它能使钻碴在强大的压力作用下被抽到泥浆池沉淀，实现从钻孔到排碴的有机结合。同时其钻头能像磨盘一样把岩石磨碎；装有变速箱，可根据岩层的性质实现变挡，也是较冲击式钻机的进步之处。

芜湖长江大桥修建
KPG-3000型全液压钻机展身手

1993年，作为国内桥梁装备专业制造企业的武桥重工技

KPG3000型全液压工程钻机

术人员专程到武汉长江二桥工地，对基础施工中钻机的应用情况进行了调研。发现在武汉长江二桥基础施工中，由于孔径大，地质复杂，软硬胶结，BDM系列旋转钻机显得"力不从心"，扭矩和钻压都不能满足施工的需求。特别是该钻机为机械变速，调节不到相应的转数，适应不了地质状况，造成钻机跳动剧烈，钻杆扭断频繁，钻孔周期长。

面对这种情况，是在原有设计思路上扩大钻机的能力，还是在设计理念上不断更新缩短差距？技术人员毅然选择了后者，舍弃DQ2450旋转式钻机和BDM系列钻机的机械驱动方法，向"全液压"传动方式迈进。

"全液压"意味着要把过去的纯机械传动变为液压传动，采用液压传动方式驱动转盘和卷扬机，转盘带动钻具回转钻进，空气反循环排碴，完成钻孔桩施工。工作时转盘的转速不依靠变速箱变速，而是通过改变液压马达的给油量来调整转盘的转速。

技术人员结合自身企业生产的BDM系列钻机的研制与施工经验，采用优化设计，确定了新型钻机的主要技术结构和性能：它主要由钻架、转盘、水龙头、钻具、液压卷扬机、钻杆起吊回转装置、液压站、电气及回转装置等部件组成，转盘为液压马达驱动，钻孔直径在岩石上1.5～3m，一般土质最大钻孔直径可达6m，最大钻孔深度130m，转盘最大扭

矩200kN·m，转盘可无级调速。水龙头提升能力为1200kN。因此，该钻机分别取"孔、盘、轨"字的首个字母和最大钻岩直径，将钻机命名为"KPG-3000型全液压钻机"。

1996年12月，KPG-3000型全液压钻机通过了铁道部科技成果鉴定，鉴定认为，本机性能优良，在国内同类钻机中处于领先地位，其中在监控技术、水龙头密封技术与提升能力方面居国家领先水平。1997年，KPG-3000型全液压钻机获得铁道部科技进步一等奖。

1997年3月，我国第三座横跨长江的公路、铁路两用特大型桥芜湖长江大桥开工。芜湖长江大桥是世界规模最大的"钢桁梁与钢筋混凝土行车道板组合结构"桥，铁路桥全长10624.4m，公路桥全长6078.4m。在该桥基础施工中，KPG-3000型钻机完成了直径2.5m的钻孔桩19根，直径2.8m的钻孔桩16根，直径3m的钻孔桩94根，共"129"根！且性能良好，钻杆拆装方便，提高了钻杆在大扭矩工况下施工的可靠性，同时也减轻了工人的劳动强度。

在芜湖长江大桥技术总结中，这样评价KPG-3000型钻机：研制使用的KPG-3000型钻机，使钻孔桩施工取得全面成功，保证并提前了工期，取得了较好的经济效益。KPG-3000型钻机为芜湖桥下部基础顺利完成起到了举足轻重的作用，也为芜湖长江大桥实现主跨312m，成就国内甚至亚洲第一座大跨度的公铁两用斜拉桥起到了至关重要的作用。

以KPG-3000型钻机为代表的第三代钻机将钻孔机械带入液压时代。在该钻机中，还研制使用了钻压控制仪，实现了对钻进过程的自动控制。

武汉天兴洲长江大桥
国内最大动力头KTY4000型钻机显神威

一项大的工程有时会催生一批先进的施工装备，在武汉天兴洲长江大桥的建设中即是如此。

武汉天兴洲大桥主桥长4657m，主跨504m，大桥路面铺设4条铁路线，是我国首座四线公路铁路两用斜拉索桥，创下了跨度、荷载、速度、宽度4项世界第一。同时武汉天兴洲大桥也是我国第一座能够满足高速铁路运营的大跨度斜拉桥。为保证大桥的宽度和大桥的承载力，天兴洲大桥必须采用3.4m直径的大孔径钻孔桩。

在此之前，我国修建桥梁所用的动力头钻机最大扭矩为200kN·m，钻孔直径为3m，无法达到天兴洲大桥钻孔扭矩300kN·m、钻孔3.4m直径的要求。

2003年11月，天兴洲大桥施工方与武桥重工签订了《30吨米动力头钻机研制合同》。2004年6月，最大扭矩300kN·m、钻孔直径4m、钻孔深度130m的KTY4000型钻机通过了专家评审，专家的鉴定语为：采用的多项关键技术完善了动力头功能，提升了钻机的技术性能，技术指标已达到国际同类型钻机先进水平。这标志着国内最大钻孔直径的KTY4000型钻机研制成功了。

KTY4000钻机为天兴洲大桥顺利建成立下汗马功劳，它随后又在具有六线铁路的南京大胜关长江大桥的建设中起到了关键作用。

目前以KTY4000型钻机为代表的最先进的第四代动力头钻机的特点是：动力头同时起着承受钻具重量、安装钻杆装拆机构、为钻进提供动力和输送压缩空气排渣等各项作用，是该型钻机的核心部件。动力头由两台高速液压马达驱动，通过两台行星减速机及一级闭式齿轮传动将动力传递给钻具系统，工作平稳可靠，使用寿命长，可实现无级调速和过载自动保护。另一个优势在于钻架可后仰0～40°，让出孔位，方便钻头装拆。动力头可实现45°旋转动作，以便于安装和拆卸钻杆，减轻工人的劳动强度。钻杆采用双壁结构，重型钻杆利用双壁结构灌铅作为配重使用，简化了配重构造，同时采用进口弹性销传递扭矩，抗扭能力强。

2010年8月，武汉市长江上第八座大桥——武汉鹦鹉洲长江大桥开建，由武桥重工研制的新一代智能化钻机全仿真模型试验成功，并已投入生产。

在未来，桥梁基础施工怎样发展，钻孔机械又会向着什么方向发展，我们将共同期待。■

KTY4000型动力头钻机

EQUIPMENT

OVERSEAS
海外装备

智能化桥梁检修车

文/钱非凡 张炳桥

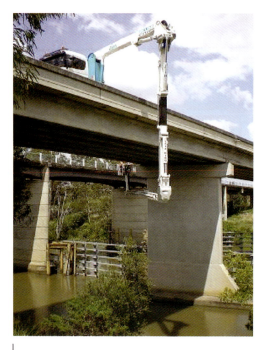

桥梁施工设备作为非标产品，是根据桥梁建设施工的工法设计制造的专门设备，以满足项目施工的要求。可以说，桥梁施工设备的适用性、先进性在某种程度上决定着桥梁工程项目的可行性和科学性，对桥梁建设而言意义重大。

桥梁检查是为了进一步获得桥梁承载力和荷载，从而为桥梁修理提供准确的信息。而桥梁检修车，是一种用于桥梁病害维修和预防性检查作业的专用设备，是桥梁装备的重要补充。其主要功能是对大桥底部各结构层（面）进行全面的检查、维护、修理（油漆、喷砂、安装、拆卸）等，包括对大桥主梁梁底裂纹检测和全桥支座检查养护，也可以安装和维护桥下管道和电缆。目前国际上有臂架式和桁架式两类桥梁检修车。

由意大利 BARIN 公司设计制造的 AB 型臂架式系列检修车主要用于公路桥、铁路桥以及高架桥等桥梁的检查和维修工作。它采用机、电、液、信一体化控制系统。与转台连接的两个控制面板，一个作用于工作斗，另一个作用于底盘。内部通信系统可使工作斗上的作业人员与地面人员保持联系。该检修车运行速度快、作业敏捷、操作安全、功能多样，既可进行高空作业，也可伸入桥下作业。同样由该公司设计生产的桁架式检修车，在国际市场上也处于领先地位。两种检修车的作业原理相似。虽然桁架式检修车结构相对复杂，但工作稳定，能够实现连续不间断作业，检测面广，且载重相对较大。

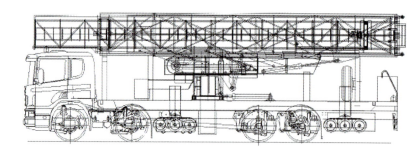

JACK-UP BARGES
海上施工平台

■ 文/李建伟 张炳桥

海上施工不同于陆地施工，受水流、气候、地质等复杂条件影响，面临着诸多难题：

首先，施工空间有限，活动余地不大。海上施工的施工场地是在各种船舶上，而船上的活动空间很有限，给施工带来了一定的制约；

其次，运输方式单一，无法大量堆放材料；

第三，气候影响大，有效施工时间短。在我国，一般7～9月台风袭击前后，以及9～10月份的潮汛期及海风达到8级以上的情况均不宜海上施工；

第四，船舶、设备相互干扰较大。海上施工可以说没有船舶就没有施工，在有限的空间中各船还需要相互协调；

第五，施工安全不利因素较多，人员、设备的防护工作量大。由于海上施工比陆地施工更复杂，因此施工人员必须随身穿戴救生衣及配备其他安全用品等，以便降低危险系数；

第六，人力投入有限。由于海上施工的特殊环境以及各船舶的空间所限，致使进驻现场的作业与管理人员数量受到制约。

针对以上诸多不利因素，海外大型施工公司优先考虑使用海上施工平台(JACK-UP BARGES)实施海上、江河或湖泊钻孔、灌注、安装等作业。

海上施工平台（JACK-UP BARGES）的优点是省时、省力、节约费用、减少对施工水面的污染。在我国，水上施工过去多采用钢构制作的围堰式施工平台和数艘驳船连接式施工平台，或在河流湖泊堆垒石土围堰，存在着体积较大，在制作、运输、组装中相对困难，甚至占用航道，影响通航，不能多用途反复使用，造成一些浪费，成本较高等诸多问题。JACK-UP BARGES海上施工平台的最大特点是施工功能齐全，体积相对较小，且可移动、反复使用，适用于海上、大江大河或湖泊中施工。■

旋挖钻机

■ 文/钱非凡

旋挖钻机是一种多功能、高效率的灌注桩钻孔设备，被广泛应用于公路、铁路、桥梁、高层建筑等桩基工程的施工作业中。它工作效率高、污染少、功能多，尤其在欧洲和亚洲的发达国家，旋挖钻机已经成为大直径钻孔灌注桩施工的主力设备。

意大利SOLIMEC公司生产的系列旋挖钻机是一种代表国际先进水平的基础工程设备，它采用无循环工艺，钻进速度快、成孔深度深、质量好。该设备主要包括以下几个组成部分（如左下图）：

1.底盘；2.转塔（安装在360回转支承上，配备柴油机和隔音盖）；3.卷扬机；4.平行四边形机构（可以在垂直方向满足桅杆需求的工作半径）；5.自动装配桅杆（可以满足桅杆任意长度的扭矩）；6.吊锚架；7.四轮一带；8.动力头；9.钻杆；10.自动装配配重。

SOLIMEC公司系列旋挖钻机采用电液比例伺服控制系统、PLC、CAN总线控制等，不仅提高了定位钻孔精度，而且具有钻孔深度的自动化检测、荧光屏显示等功能，当钻机发生倾斜时，会自动报警，并自动进行调整。同时，该钻机采用能显示多种信息的多功能液晶显示器，可进行钻机控制、自动垂直调平、回转倒土控制、发动机的监控、钻孔深度测量等，并能显示车身工作状态等信息。钻机的设计也充分考虑了操作人员的安全，如驾驶室前窗配有FOPS（防坠物保护）、卷扬的高度限位、驾驶室内操作台安全控制、发动机参数显示、报警等。

据统计，目前我国旋挖钻机市场中90%以上为国外品牌，其中以意大利土力公司、意马公司、迈特公司及德国宝峨公司的产品居多。国内桩工机械行业虽然有所介入，但均未形成规模，且产品定位雷同，产品选型重复。

专家分析认为，国产旋挖钻机与国外相比，其主要差距首先表现在液压系统与配置还达不到国外产品的水平。国外优质产品的液压系统一般都采用恒功率系统，或负荷传感系统，液压元件采用国际先进成熟的产品，而国内还未能达到这一水准。国产旋挖钻机的关键件（如钻杆），特别是机锁式加压钻杆还不能满足主机的要求。国产旋挖钻机的整机外观及操作室内仪表盘的布置不如国外。国外的旋挖钻机有的装有全电脑操作系统，使操作人员能实时掌握钻进深度、钻架垂直度，保证钻孔准确到达设计深度和保持良好的垂直度，并能实时掌握各系统的工作情况，便于及时采取维修措施，保证钻机正常运转。而国产旋挖钻机的钻杆牙嵌与动力头啮合情况和钻杆状态无显示功能，操作人员只能凭经验判断。

目前，旋挖钻机的多功能化正成为一种趋势。所谓多功能化，即指可选用多种钻具进行不同土层或岩层的作业，并可通过更换钻具进行钻孔、连续墙成槽、预制桩施工、凿岩锚杆等作业。也就是说，钻机采用的是多用途模块式设计，可用于大口径短螺旋和旋挖斗回转施工、长螺旋施工、全护筒跟管施工、液压抓斗地下连续墙施工、高压旋喷施工、潜孔锤施工、预制桩施工等。针对不同工法的施工，只需要选装不同的工作附件，便可做到一机多用，节约使用成本。

随着国家重点工程的建设发展，国内市场对高端桩工机械的需求猛增，因此旋挖钻机具有良好的应用前景。■

多功能插拔桩机

文/李建伟

多功能插拔桩机是目前国际上较为先进的钢板桩插拔机,适用于桥梁墩身基础围堰、护坡、引桥及辅助设施的基础施工。过去我们所使用的插拔桩机一般只有一个夹头的压桩或拔桩作业功能,而插拔桩机是国际上较先进的装备,除了能够一次性插拔多条钢板桩外,还具有多头钻孔、地下连续墙挖掘等较先进的工法。相比以往先用锤击的方式打下钢板桩,然后再用起重机之类的机械拔出这种较陈旧的施工方法,这套新工法的作业速度和效率明显提高。

在传统的施工方法中,钢板桩施工要正确选择打桩方法、打桩机械和流水段划分,以使板桩墙有足够的刚度和良好的防水作用,且墙面平直,满足基础施工的要求,对封闭式板桩墙还要求封闭合拢。在施工中,一般先要由测量人员定出钢板桩围堰的轴线,每隔一定距离设置导向桩,导向桩直接使用钢板桩,然后挂绳线作为导线,打桩时利用导线控制钢板桩的轴线,在轴向法向要求高的情况下,采用导向架。之后准备桩帽及送桩,打桩机吊起钢板桩,人工扶正就位,单桩逐根连续施打,桩顶高程不宜相差太大。另外,在插打过程中随时测量,监控每块桩的斜度不超过2%,当偏斜过大不能用拉齐方法调正时,需拔起重打。

除此之外,根据现场施工条件,传统的施工方法往往采用单独打入法,此法是从一角开始逐块插打,每块钢板桩自开始打到结束中途不停顿。因此,桩机行走路线短,施工简便,打设速度快。但是,由于单块打入,易向一边倾斜,累计误差不易纠正,墙面平直度难以控制。而新型的多功能插拔桩机克服了这一缺点,满足了多种施工需求。

从上述描述中,我们可以看到多功能插拔桩机将会有很好的发展和市场前景,能满足不同客户的需求。∎

海外装备

日本东京港临海大桥与海工装备

■ 文/陈维克 高 峰

日本东京港临海大桥位于东京都江东区，是东京湾滨海大道二期工程跨越东京湾第三航道的大桥。大桥全长约 2.9km，由 4 条机动车道和人行道组成。与东京彩虹大桥一样，大型船舶可从其下部通过，一年将通行渡船约 4000 艘次。大桥通车后有望成为东京的新地标。

正在建设中的东京港临海大桥，是目前日本最大的桁架桥，跨径为 (160+440+160)m，主跨下是东京港的第三航道，主通航孔航道宽 310m，主桁下净空高 52.5m。桥梁上方是日本羽田国际机场的起降航线，高度受到限制（98.1m 以下），不能采用悬索桥或斜拉桥等桥式，因而采用了由 4 组每组重约 4000～6000t 的三角形钢结构桥桁从两侧支撑桥面的钢桁架梁桥型设计方案。该方案既能满足大型船舶的通航需求，同时也不影响羽田机场飞机的正常起降。两岸 4 组巨大的桁架如同两只隔海相望的恐龙。

2009 年 9 月临海大桥开始架梁，其中一个边跨的桁架（重约 6000t）采用整体架设方式吊装。为确保桁架吊装成功，施工中使用 3 艘日本最大的吊船，即"武藏号"3700t 吊船、"第 50 吉田号"3700t 吊船和日本国内最大的 4100t 的"海翔号"同时作业。在施工过程中，由于受到羽田机场起降航线的限制，吊船的吊臂不能抬得太高，所以起重能力受到限制，桁架自身重量加上附属物、架设辅助构件等，实际吊装重量达 7358t。三艘大型吊船中，最先进的为"海翔号"4100t 吊船，其船长 120m，船宽 55m，型深 7.5m，最大起重量为 4100t，最大起重高度为 132.7m。■

新型履带式起重机

■ 文/钱非凡 张柄桥

CC8800-1 TWIN履带式起重机是目前世界上最先进的起重设备之一，额定最大起重量为3200t，主臂长156m，最大起吊高度228m。它是专为大件吊装而研制的专用设备，是著名超大型起重机CC8800(1250t)的升级版，与其他机型相比使用时更方便。

2008年第一季度，马尼托瓦克集团推出了新研发的31000型履带式起重机。它最独特的创新是可变位配重（英文简称VPC），这是一种独特的吊运能力增强系统。在吊运过程中需要更大的配重力矩时，它会自动伸展配重，然后用机械方式锁定，防止配重在操作过程中意外移动。该系统的机械致动器由起重机的EPIC控制系统控制，根据吊臂角度和应用负荷启动。在正常工作状态下，可变位配重绝对不会接触地面，因而与使用普通的吊运能力增强附件相比，可大量减少所需的地面准备工作。此外，配备可变位配重的起重机能够起吊和和运送所有等级的额定负荷，可以较方便地在工地上移动。

而与31000型履带式起重机相比，在主要结构件上，CC8800-1 TWIN履带式起重机增长了原来的超起桅杆和超起半径（最大可达30m），使得最大起重力矩达到24000kN·m，最大起重量达到了1600t。当配备TWIN-kit（连接装置）的时候，两个CC8800-1可以组成双车使用，最大起重量达到3200t。

CC8800-1TWIN履带式起重机本身只使用一副车架和一对履带，不过履带和车架是增宽加长的。它在CC8800-1的3.5m回转支承之外又增加了一个10.5m的大支承，而且将配重全部置于超起配重小车上，充分发挥了配重的作用。臂架中加入数节臂架可将两部车的臂架水平连接起来，所以它有一个底盘和两套吊臂系统。此外，它配备了独特的IC-1控制系统，具有自诊断功能和作业区域限制系统，安全性能达到国际标准，并且大大增强了现场施工能力。■

EQUIPMENT

INTERVIEW
武桥采风

探秘武桥重工
——写在武桥重工集团股份有限公司成立 55 周年之际

■ 文/肖 洁

"天一号"在青岛海湾架梁

桥梁设备是桥梁建设的武器装备，一直被认为是桥梁建设的助动力。由于我国制造业整体相对滞后，桥梁设备制造业的发展也受到一定程度的制约。中国桥梁装备制造业与国外存在一定的差距，有专家甚至认为，桥梁设备是中国桥梁行业整体发展的"短板"。在这样的背景下，中国桥梁设备制造业的发展，成为全行业共同关注的命题。让人欣慰的是，中国桥梁装备制造业有这样一个企业：她与我国现代桥梁建设一起诞生，风风雨雨走过了55个春秋；她在我国桥梁建设中一直发挥着举足轻重的作用，并随着桥梁建设的发展而不断发展；55年来，她始终处于我国桥梁装备制造业的领先地位——这个企业便是武桥重工集团。从她的历史，我们可以看到中国桥梁建设技术发展的历史轨迹，也可以看到整个中国制造业的集体命运。她的成功改制，则可以给中国企业的发展提供些许启示。

计划经济时代的辉煌

1953年，共和国"一五"计划开始，举全国之力修建武汉长江大桥，而研制建桥所需设备的重任落在了专门成立的武汉大桥工程局机械经租站的身上——这正是武桥重工集团的前身。1953年12月26日，武汉大桥工程局机械经租站安营扎寨于汉阳晴川铁厂码头的几间库房。

1955年春，武汉长江大桥进入全面施工阶段。技术条件很差，困难重重。

在试验墩和1号墩上所进行的大型混凝土管柱下沉试验中遇到了难题——管柱沉不下去。经租站的技术人员苦思冥想，画出图纸，在被炸毁的汉阳铁厂废墟中找出几根损毁的大轧钢机的轧辊作材料，经历重重波折制作出了中国首台震动打桩机。震动打桩机解决了管柱下沉的问题。随后，技术人员又研制出YKC-31型钻机，解决了长江大桥管柱内钻孔问题，使200多根管柱牢牢地"扎"在了江底岩石上，支撑起整座大桥。

在架梁的过程中，由于武汉长江大桥正桥钢梁设计为三联连续钢梁，每联有3个相等的桥孔，每孔跨径为128m，而钢梁杆件的最大重量在25～28t之间，最大长度达30多米，这就要求架梁起重机的起重量在30t以上。工程的需要，催生出新中国最早的架梁吊机——DK35吊机。

水泥拆包机、抓斗机、500t油压顶……经租站承担了该桥建设过程中所需设备的所有制造任务，为武汉长江大桥的成功修建立下了汗马功劳。中国第一台震动打桩机的轰鸣声，拉开了中国桥梁装备制造业的序幕。

"一桥飞架南北，天堑变通途。"毛主席的这句词让多少人灵魂激荡，但却鲜有人知道1956年5月31日毛主席视察武汉长江大桥建设工地时，曾详细了解经租站的情况。当看到正在研制的BM-5型打桩机时，毛主席说："不能说苏联没有的我们就一定做不出来，有些东西我们也是可以创造出来的。"在那个一切向苏联老大哥学习的年代，武汉大桥工程局机械经租站给了国人别样的惊喜和信心。

修建完武汉长江大桥之后，机械经租站改名为桥梁机械制造厂，先后参加了南京长江大桥、九江大桥的建设。1960年研制出的二型冲击型钻机在南京长江大桥的施工中收到良好效果；1977年自行设计制造DQ2450型钻机，在九江大桥的使用中提高工效7～8倍……

这样一个不断参与国家重点桥梁工程建设的企业，从未停止过创造辉煌，这种荣耀也一直延续于整个计划经济时代。其背后的原因显而易见：作为大型国有企业中的专业制造厂，任务订单不用愁，技术实力雄厚，社会地位优越。

DQ2450钻机

武桥采风

如果不是改革开放的风起云涌，桥机厂或许不会经历日后凤凰涅槃式的再造与重生。

经济转轨过程中的困惑

时间进入20世纪70年代后期，经历了"文革"创伤的人们突然迎来了来自"外面"的各种新思潮。这些新思潮冲击着人们的头脑，改变着人们的思维，"不是我不明白，这世界变化快"。桥梁机械制造厂，这个曾经不无骄傲与自豪的老国企，在经历社会思潮的剧烈变动时，遇到了前所未有的困惑，渐渐失去了目标和方向。

面对市场经济体制下的激烈竞争，原有的、已经习惯了的秩序被通通打乱。生产任务不再由国家给定，而是由市场决定；市场看好的，企业自己不能决定，而需由上级领导定。在这种不知所措的转变面前，企业陈旧僵化的体制，以及安于现状、缺乏创新的弊端暴露无遗，并导致效率低下。

到了20世纪90年代，"领导干部漂洋过海，中层干部深圳珠海"。此时，桥机厂这个隶属于大桥局的二级老国企也跃跃欲试，开始向土建工程施工、海南房地产市场、珠海商界进军。承建武汉时代广场工程，亏损数千万元；投资房地产再次失利，亏损几百万元。决策错误的背后是发展方向的错误定位——弃机械设备制造之所长，舞土建工程施工之所短；作为劳动密集型企业，进入资金密集型行业。

1996年种种问题暴露，1997年企业陷入困境。人才流失，订单锐减，资金紧缺，设备陈旧。大批职工下岗，部分管理人员轮岗；在岗职工只能拿70%的工资，且滞迟两三个月才能开支；下岗职工生活费比上级规定的低20%——职工群众真如生活在"刀山火海"中一般。企业无力创新，无力竞争，欲和谐亦难求。

决策失误，经营不善，用人不当，使得公司上层领导大换血。厂长撤职，书记降级。现任武桥重工集团董事长黄雍被调来，任主管生产的副厂长。1999年，时任厂长辞职，黄雍继任厂长。2001年，原任书记调离，陈维克由中铁大桥局直属机关党委书记调任厂党委书记。时代将黄、陈二人推上了这个厂党政一把手的位置，而他们恰好是最好的搭档。自此，这对"黄金搭档"踏上了他们心心相映、患难与共、水乳交融的合作之路。

凤凰涅槃式的再生

凤凰涅槃的过程是痛苦的，也是漫长的，正如同企业的状况并没有因为领导人的更换而立即出现转机。

2001年，公司尚欠职工的集资款达50多万元，当年仍亏损400多万元。而到了2002年，企业年度亏损达2100万元。这其中一方面是因为当年的任务量仅有7000多万元，另一方面也因为企业改制前核减潜亏，处理呆坏账。

2002年，企业翻牌改制桥机有限责任公司。职工、领导一样都可以出资，并按照1∶0.5的比例进行了配股，虽然量少，只占20%，但毕竟有了一部分产权利益关系。

第一次改制后，又连续做了两件大事：

工厂的办公楼、宿舍楼和厂房都是按照20世纪50年代苏联模式建造的，大而全、小而全的模式使许多土地资源被闲置，装备制造的厂房设备也需要进行升级改造。2003年，工厂腾退了大批闲置土地，拆除布局不合理、生产线不流畅的厂房，将百余亩土地变现4000多万元。盖新厂房、新办公楼，更新部分

DK35吊机

蒸汽打桩机

设备，充实流动资金，资产形态发生变化，企业形象得到改观，订单多了起来。值得一提的是，通过对企业经营权的自主运用，依托市场对资源重新配置，使得企业实力得到明显增强。

2004年，桥机公司走出困境，整合重组了大桥局金属制品总厂。这个厂当时有580多名职工，但真正上班的只有100多人，大批职工下岗待业，企业债台高筑，濒临破产。桥机公司看到了它蕴藏的商机：该厂的产品是桥机公司的低端、下游产品，140多亩土地资源蕴含潜力。为此，桥机公司设计出国有企业和集体企业改制并轨的实施方案，职工通过多种途径妥善安置，最终都在市场经济体制中重新找到了自己的位置。这实质上采取了海尔吃"休克鱼"的办法兼并重组，壮大了企业资产规模。

2005年，桥机公司开始第二次改制。通过与企业解除劳动合同、身份置换金转持企业股份、办理内部退养和领取经济补偿金自谋职业等多种形式，清理、落实、规范了企业劳动关系。这次改制，使得国有持股降至20%，职工持股占80%。企业自主权更强，实现了主辅分离，企业也更名为中铁武桥重工股份有限公司。2006年，原桥机厂主办的大集体企业桥机附件厂采用同样的方式改制并轨，劳动关系进行了清理，标志着原桥机厂改制工作基本到位完成。

包括桥机厂、金属制品厂和附件厂在内的2300多名老职工，通过劳动关系的清理之后，进入新企业的实际上只有900人左右。约400人解除劳动合同领取经济补偿金自谋职业，约600人办理了内部退养，约400人办理了退休手续。改制改得很彻底，产权制度很清晰，名存实亡的劳动关系被清理，每位职工都是企业的一分子，"做人做职业，做事做专业"的从业理念逐步树立，职工精神面貌焕然一新。也就是在这个时候，经黄雍多次介绍推荐，一批战略投资者将其目光投向了武桥重工。

陈维克说，"做企业就是要做成得到资本市场的青睐和追捧。"2007年，武桥重工进行第三次改制——8家战略投资者拿出7000万元，以每股1.81元的价钱买了4000万股，企业实现增资扩股。

五年进行三次改制，一个曾经陷入困境的老国企在经历了市场经济的困惑与阵痛之后，终于找到了公有制的有效实现形式。国家股比例虽然由先前的20%降至11.5%，但国有资产增值81%。

如今，企业管理层持股16%，国家持股占11.5%，自然人持股30%，战略投资占40%的股份。黄雍说，"这样一个企业是什么性质的企业？"或许这就是经济学家厉以宁先生所称的"新公有制企业"。陈维克说，"我们很反感别人称我们为私营企业、民营企业，还有什么非公有制企业。其实，我们是找到了公有制的有效实现形式。"

从武汉大桥工程局机械经租站、大桥局桥机厂、桥机有限责任公司、中铁武桥重工股份有限公司，再到如今的武桥重工集团，名称的变化烙下了深深的时代印痕，也反映了企业创新、发展的足迹。

观念引领的魅力

一步步的发展看似顺理成章，实际上每一步都是"摸着石头过河"。那么，有一种什么样的信念在支撑、引导、团聚着大家一起"过河"呢？

企业的发展，离不开高屋建瓴的观念导航。

世纪之交，当企业陷入困境时，领导班子深化改革的信念很坚定。虽然具体怎么做，大家还都很懵懂，但可贵的是，危机关头，领导班子仍能保持清醒的头脑，不断学习涉及到国家宏观规划、经济形势、产权理论、企业文化、劳

BDM-4型钻机

JQJ700t架桥机

动关系、市场规律等方方面面的知识。这种学习是对最新理念的吸收，也是领导班子统一思想的极好途径。厂长黄雍和党委书记陈维克不仅亲自主持学习，每次还带头发言或做中心发言。与此同时，公司还派相关人员去欧美及日本、加拿大等发达国家学习，去清华、北大、武大、华中科技大学进修培训，去先进企业学习成功的经验和方法。

从那个时候起，武桥重工便表现出对先进观念的吸纳能力，以及试图通过观念引导整个企业前行的开放心态。陈维克说，"企业文化最重要的是企业经营的理念，特别是经营者的理念、目标、愿景，推而广之，反而化之，为企业职工所接受。"作为有着50多年历史的老国企，悠久的历史、多样的文化不可谓不厚重。当然，这种文化有其积极的一面，也有消极的一面。企业文化建设便是继承并发扬历史上优秀的文化传统，不断地解放思想，更新观念，与消极的、落后的封闭观念文化做斗争，形成能够凝聚人心、正确导向、自我约束、鼓励职工干劲，且为职工所接纳、认可的文化。

决策者们对企业所具有的优良文化传统有很清楚的认识，而这也是国有企业所共通的，比如：艰苦奋斗、干群一心互相帮助等。但同时，他们也对自身所具有的消极文化认识深刻。陈维克将其归纳为几个方面：生不逢时、怨天尤人的"伤痕文化"；走不出门、离不开院、以我为中心、坐井观天的"封闭文化"；左顾右盼、前拉后拽、平均主义大锅饭养成的"攀比文化"；只顾自己开脱、不对企业负责的"逃生文化"；目光短浅只顾眼前，"麻木""扁担"斗嘴赌狠的"码头文化"；只论关系亲疏、不论是非原则的"团伙文化"；争功诿过、惯于窝里斗的"九头鸟文化"。如何克服这些消极观念，建立起与市场经济、与现代企业经营理念相适应的企业文化，让文化和理念为企业发展导航？武桥重工的经营班子在这方面可谓下足了功夫。

黄雍有一个观点，认为成功的领导团队，一定是文科与理科知识结构的结合。陈维克将其称为"杂交"，认为只有杂交才能出"精品"。也正是出于这样的考虑，理工科出身的黄雍进入北京大学光华管理学院学习，而文科出身的陈维克则进入清华大学学习现代企业管理。"文"与"理"在两位决策者身上得以融合，这种交汇又融入到企业的日常管理中，形成其富于特色的企业文化。这种学习并不止于领导层，而是贯穿于企业上下。领导干部差不多每年都要出去进行学习，然后回来向员工们传输外面最新的理念。在这种不断学习、不断宣传的过程中，新型企业文化日积月累，并日趋成熟。黄雍在这方面思考得很多，他提出了企业的共同目标——"企业兴旺，员工富裕"；并规划出企业的愿景——在世界同行业中领先、为中华民族争光；制定出企业的目标——建设国内知名且具有国际竞争力的科技密集型现代企业；概括出企业精神：创新武桥，超越自我，陈维克为其补充"跨越时空"四个字，成为"跨越时空，超越自我，创新武桥"。公司党委不断地组织员工进行学习，通过宣传、实践，甚至通过经营者的以身示范，带动员工一步步接受，进而将这种精神、理念、价值观上升为每一位员工的潜意识。

企业文化渗透到方方面面。

比如市场观念。让员工认识到市场经济讲求的是"流动"，人才在流动中实现最大的价值，资源在流动中实现最优的配置。在附件厂进行改制的过程中，面对员工们不愿离开老厂的情况，陈维克只问了员工们一个问题："欧洲好不好？"大家自然回答"好"。"欧洲那么好，欧洲人还选择离开本土去了美洲，成就了美国这一世界超级大国。"这比喻何等贴切，使人信服而易于接受——附件厂领导班子同心协力、义无反顾推进企业改制，职代会赞同率达94%，高票通过改制方案及职工安置方案。

比如竞争观念。让员工认识到自己所处的是一个充分竞争的行业，如果不走市场经济的道路，往小的说是无法实现企业的发展，往大的说则是无法实现全面建设小康的目标。让员工们认识到只有激活企业和个体，才能显示出企业的活力，显示出每个人在企业发展中的作用。

比如薪酬观念。经营班子实行年薪制，研发队伍实行项目制，普通工人实行计件工资。如果觉得自己工资低，也可以采取协议工资，只要你能完成与工资等值的活。让员工认识到工资是自己挣的，而不是领导发的。

比如人才观念。让员工们认识到人才不能离开事业，离开事业无所谓人才；人才之所以成为人才，是事业造就的；能干事业，才称其为人才。企业为每一位员工的成才铺设了道路，让员工认识到只有参与世界顶级桥梁、国家重大项目建设所做的、代表国内先进水平的产品，才能迅速地成长成才。技术干部如此，普通工人如此，经营管理者也不例外。

比如社会使命感。让员工认识到自己是在为大桥局、二航局等这样的铁路、公路桥梁国家队打造设备。设备造得怎么样，从一定程度上决定了我们国家桥梁的建设水平，甚至反映出民族工业的发展水平。

比如对资本运作的认识能力。第一次出让土地，100亩仅获资金约4000万元，三年过去地价涨了一倍半。但正如陈维克所说，"春天是美好的，可如果我们在寒冬死去，美好的春天则不属于我们。"企业不是靠卖地生活，而是靠抓住市场机遇进行资源配置，改变资产形态，赢得市场订单。原两个厂区400多亩土地现扩充为800余亩，且布局合理，利用率提高。

……

"没有跨不过的江河，没有挑不起的重担，没有钻不透的磐石"，"美人之美，美己之美，美美与共；扬人之长，扬己之长，长长与共"。企业文化得以弘扬，职工思想得以转变，不良的、陈旧的观念文化得以摒除，新理念在与旧思想的交锋中取得胜利。

陈维克有一个很有意思的观点，"如果改造不了客观世界，就必须改造主观世界；如果改造不了，或者拒绝改造主观世界，那就该'下课'了。"这也正好说明了文化理念引领在企业发展中的作用。理念，虽然是一个看不见摸不着的东西，但它所起的作用巨大。正是决策层有这种清醒的认识，武桥重工才能在激烈的竞争中发展壮大，不断取得突破。2005年，企业利润为1400多万元；2006年，经济效益翻番，达到3000万元；2007年，实现利润4700万元；2008年，实现利润超过5000万元……

辉煌是这样再铸的

作为装备制造企业，没有自己的"拳头产品"，一切高瞻远瞩都是空中楼阁。

从新中国第一台柴油蒸汽打桩锤开始，武桥重工陆续研制出我国第一台插拔打桩机，建造了我国第一座开启桥（即天津海门开启桥），研制出我国第一台转盘式工程钻机、第一台铁路铺渣机、第一台铁路救援起重机、第一台移动模架造桥机、第一台节段拼装式架桥机、第一台大孔径动力头钻机、第一台大吨位运架梁起重船、第一台900t轮胎式运梁车等。这些产品填补了我国诸多空白，并在国内长期处于领先地位，有的已经达到国际先进水平。也是因为武桥重工的存在与发展，大桥局才一直占据着科研、施工、设计、装备四位一体的综合优势。

我们疑惑，在这些成就的背后，是一个什么样的技术团队，是一个什么样的研发模式，使产品一直处于行业的领先地位？在企业陷入困境的时候，又是

为重庆朝天门大桥研制的80t爬坡吊机

全回转拱上架梁起重机

什么力量支撑着勇于创新的血脉没有阻断？

1953年，当桥机厂成立的时候，为了保证日后武汉长江大桥的建设质量，抽调来生产建桥设备的员工都是来自全国机械设备修造厂和东北老工业基地的技术能手。那时，七级工、八级工在这里比比皆是。保持高素质的科研团队，这一历史传统一直保留至今。现在，武桥重工有技术职称的人才比例仍然很高，教授级高工6人，省部级专家、科技拔尖人才6人，全国技术能手1人，湖北省技术能手2人；150多位中级职称以上的各类专业人才，从事研发工作的就有近百人；大专本科以上学历人员占30%以上，现在每年还引进40名左右的机械制造、桥梁结构、机电一体化、自动控制等相关专业的大学生。在保持人才队伍的同时，每年投入占企业总产值5%的资金用于产品研发。

历史上的情况都是如此吗？大桥局桥梁机械学科带头人、常务副总经理周湘桥说，"以前根本没有投资设备的概念，工资都发不出。""1999年全年的签约值仅为4000万元，现在一个订单就超过4000万元，今年还有一个设备订单达1.82亿元。"近年来，投入资金完善预钢材处理线；为提高钢材下料自动化程度而引进了我国最大的钢材厚板激光切割机；加大对加工领域的投入，比如，焊接、气拼焊、悬臂焊机等，购买大型车床；并专门建起了自动化油漆房。2008年，仅设备投入即达3000多万元。

就在企业改制获得成功，经营状况日益好转，人、机、料、法、环综合平衡的情况下，中国建桥业迎来了新一轮的发展良机：从内陆江河向海上进军，铁路客运专线特别是高速铁路开建。一批"拳头产品"因而诞生。

如今，武桥重工生产的桥梁施工设备是国内最全的，产品包括大型基础施工工程钻机、大型水上施工打桩船、大型起重机、架梁吊机、大型构件运输设备、整体节点钢梁等。

业内人士都知道，桥梁施工设备作为非标产品不同于其他工业产品，它是根据所要建设桥梁的设计和施工要求研发制造的，用以满足项目施工要求；没有设备完成不了任务，有时没有设备甚至中不了标；在桥梁的设计中就得考虑动用什么设备，考虑得越早收益越大，因为工法取决于设备。反过来，设备又促进施工工法的不断改进，甚至影响设计理念的更新，施工设备又随之进入新一轮的更新提高，这是一个交互式循环提高的过程。实践表明，桥梁发展离不开桥梁设备的进步。

大胜关桥400吨全回转起重船

为客运专线研制的MBEC900C型运梁车

这里首先要提到的就是模型被搬上中央电视台演播厅的"小天鹅号"和"天一号"海上运架梁起重船。"小天鹅号"是为架设上海东海大桥而制造的。东海大桥是我国桥梁建设从江河走向海洋迈出的第一步。为了适应海上施工的条件，必须进行"工厂化"预制。大桥的每片梁重2500t，72m长，在基地做成后运到现场，再进行架设。在这个过程中，吊机的4个吊点必须保持平衡才能顺利完成架设。如何实现运、提、架一体化？这一点单独的吊机和运输船都无法完成，因此有无海上架梁施工设备成了东海大桥成败的关键。武桥重工生产的2500t海上起重船"小天鹅号"应运而生。因为工期紧，开始要求3天架两片梁，最终"小天鹅号"不负众望，架梁速度极为迅速，实现两天架3片梁，甚至打梁跟不上架梁的速度。在这个工程中，装备对施工速度的影响非常显著。

到了杭州湾大桥，由于"小天鹅号"对其中几片梁的吨位和高度力所不及，技术人员便又在其基础上研发出3000t的"天一号"海上运架梁起重船。"小天鹅号"在这座桥的建设中也继续发挥作用，两个船交叉作业，灵活地完成了工作任务。在106m的钢和混凝土叠合梁桥——崇明岛大桥的建设中，"天一号"再次进行了"变形"。如今，"天一号"又出现在青岛海湾大桥的施工现场。未来，在港珠澳大桥上，"小天鹅号"将再次进行"变形"，以满足混凝土梁可在岸上取下，之后自航行，实现取、运、架一体。

时任总工周湘桥将他们设计的这些产品形象地称为"金刚变形"。

桥梁吊机的变形也是"金刚变形"之一。在南京大胜关大桥建设过程中，一部架梁吊机实质上安装了4个吊机，除了前面的吊机，后面还有尾部吊机，还配有葫芦吊机，把后面的轨道吊起来向前走。这架机器重310t，还要自己上坡，自己配卷扬机、铰索组、自己调平。在工作过程中，设计人员深感机器发挥作用不灵活，便在武广高速铁路广州东平水道大桥的建设中，将这架含4座吊机于一体的吊机进行了一次"变形"：吊机实现全回转，前面可以吊梁、调轨道。虽然造价有所提升，但相较之前使用效果更好，可以自动爬坡、自动锚固。

为武汉天兴洲长江大桥专门设计的700t架梁起重机（超静起吊系统），采用三吊点起吊，每架起重机有6台卷扬机，均保持平衡，已申报发明专利。由于这架设备的灵活运用，天兴洲大桥3万t钢梁仅用了9个月即架设完成——设备对桥梁建设速度的影响也由此可见一斑。为天兴洲大桥和苏通长江大桥研制的KTY4000型动力头工程钻机，为国家客运专线建设研制的500t提梁机、900t架桥机，以及移动模架造桥机等制、提、运、架、移系列施工设备，200t"海虹"号、400t"雪浪"号全回转大型船用起重机等海上施工设备……均在桥梁施工中发挥出关键作用。

除上述产品是根据施工需要所进行改造的以外，技术人员还"超前想"，研发出了一些产品，引导消费。黄雍有一个愿望，想自己创办一份装备制造业的杂志，这不仅仅是出于企业文化建设的考虑，更重要的是要通过这本杂志来引导消费。200t笔杆式浮吊、2400t双臂杆起重船新研发的甲板吊机……一改国内买国外图纸进行生产的历史，立足工厂化生产。与此同时，武桥重工还主动出击，占领社会市场，比如港口码头、市政建设、水工机械等，给船厂做吊机，给军工厂做实用码头栈桥，做城市立交桥，以及为公路桥生产的设备，做通用性的船舶等。

这些设备形成了武桥重工产品鲜明的特点：高度的机电液一体化，与桥梁施工、理念的紧密结合，以及在制造上、技术上的掌控。这些使得武桥重工生产规模不断扩大，速度不断加快，更加迅速地占据市场的领先地位。产品的生产时间一缩再缩，9个月时间即可完成从设计到制造应用于施工的全部任务（从方案设计到专家评审、采购机电件、钢结构的生产）。与此同时，公司仍保持与上海交大、西南交大、中科院等科研院所的紧密合作，进行科研攻关。

2006年，武桥重工荣获中国企业联合会、企业家协会联合颁发的"最具成长型企业"称号。"想，并且超前想！"成为研发人员的共识，也正是这种超前思维让武桥重工的产品一直处于国内同行业的首位。以钢结构、起重机、桥梁设备制造为主业，辅助建筑基础施工和桥梁钢结构安装。即：把钢结构做大，向规模化发展；把起重机做精，向系列化发展；把桥梁设备做强，向国际先进水平看齐；把建筑施工、钢桥安装做专，走专业化道路——是武桥重工未来的发展方向。

"小天鹅号"2500t海上运架梁起重船正在架梁

武桥转身 玩活了资本

■ 文/张 萍

2001年前，武桥重工前身——桥梁机械制造厂年度亏损达2100万元、资不抵债、濒临破产；2005年以后，经过了改制、重组、收购等一系列"大动作"，武桥成功转身为资产规模达15亿元的现代企业。武桥重工董事长兼总经理黄雍说，企业家最大的本事就是预测未来。凭借着几乎不可能的骄人成绩，2007年1月、2010年1月，武桥重工被中国企业联合会、中国企业家协会评为"2006年最具成长性企业""2009年度最具影响力企业"。

艰难的选择题

武桥重工的前身是"大桥局桥梁机械制造厂"。从1977年到2002年，净资产不到一个亿的桥机厂，平均每年亏损1000万元。2002年，公司亏损高达2100万元。此时的桥机厂面临着债台高筑、资不抵债、濒临破产的困境。面对绝境，桥机厂开始了艰难的选择，试图在困局中进行最后的抗争与突围。过去桥机厂一直只关注桥梁机械领域，而此时，为了摆脱困境、弥补主业萎缩带来的损失，被迫涉足并不了解的土建工程和房地产行业，希望能在建安工程开发楼盘中得到生机，并派许多干部南下深圳、海南，可结果却到处碰壁，四面八方交"学费"。决策失误，导致巨额亏损，使本来就深陷困境的桥机厂沦落到另一个更深的泥潭。

在生死存亡的关键时刻,桥机厂开始思考在改制中寻求出路。

2002年,桥机厂改制为桥机公司,由全民所有制改制为国有控股80%、员工持股20%的有限责任公司。"人心思变、企业求变,在变化中寻找生机,这是我们坚持改制的动力。而这次改制是一次启动性的翻牌改制,我们有了一部分产权关系,虽只占20%,但扩大了企业的经营自主权,提高了决策效率,增强了企业的市场竞争力。"时任桥机厂厂长的黄雍说道。

第一次改制之后,桥机厂由国有大型企业的二级企业改制为国有企业控制的有限责任公司,但因为大桥局依然是绝对的控股方,改制后企业的自主权仍然有限。2005年,恰逢国家经贸委等八部委联合下发"859号文件",提倡大型国企实行主辅分离。处于辅业的桥机厂抓住了这次机会,乘势而上,进行了第二次改制,创立了中铁武桥重工股份有限公司。

"和第一次翻牌改制相比,这是一次伤筋动骨甚至是脱胎换骨的改造,国有持股降至20%,职工持股80%,企业自主权显著增强。"武桥重工党委书记、副董事长陈维克说道。

第二次改制是一次攻坚战,武桥不仅要适时调整发展战略,还要完成三个艰巨任务:一是要清产核资,量化国有资产,使企业资产清晰、权责明确;二是要置换国企职工、集体职工的身份,使其由职工转变为持股的员工;三是要动员管理人员、技术骨干多持股,使他们与企业荣辱与共、共同成长。为此,武桥重工通过解除劳动合同、将身份置换金转成企业股份、办理内部退养、领取经济补偿金自谋职业等多种方式,清理、落实、规范了企业劳动关系,为第三次改制以及今后进入资本市场铺平了道路。

资本狂舞下的装备市场

2007年,武桥重工进行了第三次改制——从资本市场上引进战略投资者。八家战略投资者用7240万元、每股1.81元的价格购买了4000万股,进一步改善了公司的治理结构和股权结构,实现股份多元化,进行了彻底的产权制度改革。同时,构建公司下属的二级单位法人实体,搭建母子结构,创建集团式集约化管理模式,按照上市公司要求规范股权管理,筹划公司挂牌上市,从而使武桥重工向股份多元化的现代化企业迈进。

虽然完成了对股份公司的改造,但股本结构调整还是一个令武桥高层头疼的问题。

国有企业改制不能单纯地通过买断工龄、解除劳动合同、关闭分厂等纯资本操作方式断然解决,而必须考虑职工利益和有限使用资本的问题。资产不足、资金紧张、企业负担重,在这种情况下改制,很多问题不可能一蹴而就、毕其功于一役,只能不断推进。而在不断推进的过程中,遗留问题不可避免,比如股权分散。

武桥当时的生产流动资金非常紧张,甚至要靠贷款来发工资,在这种情况下,只能动员职工自愿参加改制。但解除劳动关系后,由于没有能力以现金发放经济补偿金,因此只能由股份替代。有的职工不相信企业能改制好,坚持不要股份只要债权。但随后的事实证明,选择债权的职工对武桥后来的发展反而有利,因为当企业度过了资金紧张期之后,马上可以兑付给选择债权的职工。而大部分职工所选择的持股,造成了股权大面积分散,股权分散既而又造成了利益分散,整合难度大,对企业的牵掣作用甚大。

"大部分职工只是工薪阶层,并不具有投资的意识、素质和能力,认为所持股是原始股,期望值太高,不愿意出让,这样就造成了武桥结构调整的困难。另外,还有的职工错误地将投资关系和劳动关系联系在一起,担心出让手中股份可能会丢掉饭碗,有朝一日可能面临被解雇的风险。因此虽然同在一个利益共同体,但相互之间仍处于

武桥采风

微妙的博弈关系之中。"陈维克说道。

改制必然要改变一些人的观念，触动一些人的利益，每次改制就是一次大浪淘沙。随着战略投资者的引入，武桥成功转型，其最大的好处就是既可以有民营企业的效率，又有国有企业的规范。从2008年到现在，武桥始终保持了20%以上的年增长速度，如今武桥一个月的产值，已超过2000年前一年的总产值。那么，改制之后，武桥是如何实现这个增长奇迹的？

在危机中发现商机

2008年，全球爆发的经济危机，对我国的实体经济也形成了巨大的冲击。为应对风啸甚猛的金融风暴，2009年，我国政府推出了4万亿元经济刺激计划，其中交通基础设施领域占到1万亿元。同时，地方政府也承诺将拉动18万亿元的配套投资计划，主要用于基础设施建设。

面对国家对宏观经济政策所做出的重大调整，武桥紧紧抓住了这次扩大内需、加大交通基础设施建设的机遇。在经济危机的一片阴霾中，也蕴藏着不小的"商机"。例如，受经济危机影响，原材料市场价格呈现低迷走势，而桥梁装备企业是钢材消费大户，原材料价格的降低有利于企业降低生产成本，从而降低了企业的经营风险。其次，经济疲软造成了大量民工回流，缓解了大部分企业的用工紧张局势，并随之降低了人工成本。第三，贷款利率下调，融资成本相应降低。

武桥紧紧抓住了市场优势，加大研发力度，选派出一批技术人员先后去德国、日本考察，回国后潜心研究符合我国高铁建设实际的施工装备，并适时推出了一系列具有市场竞争力的高端产品，抢占市场至高点。其方针在于把起重机械做大做强，把桥梁施工设备做专做精，把桥梁钢结构产品做宽做广。

随着我国首台智能化900t运梁车的诞生，武桥打破了我国高吨位运梁车全部依赖进口的局面。据铁道部科技司专家鉴定，该运梁车的最大行驶速度、自动导航精度、全轮独立转向性能等指标均优于国外同类型产品。

站在桥梁施工装备的前沿，武桥先后为武汉天兴洲大桥、南京大胜关大桥研制了KTY4000型动力头钻机、400t全回转起重船、可爬坡式架梁起重机等，为上海洋山港东海大桥以及杭州湾跨海大桥研制了2500t"小天鹅号"、3000t"天一号"运架梁起重船。在全国高铁建设施工的现场，到处可以看到武桥的身影，真正实现了"有桥就有武桥重工"的豪言。在船舶及海洋工程装备方面，武桥自主研发了900t船厂大门机、95m打桩船、2400t双臂式起重船。其中双臂式起重船，目前正在上海大洋山海域安装海上风力发电设施，为打造上海低碳世博会做出了卓越的贡献。

据董事长黄雍先生介绍，武桥目前正在抓紧研制新型的跨海大桥装备，诸如扭矩达500kN·m的动力头钻机、8000t运架梁起重船、大型海上施工平台、新型160t铁路起重机等。技术中心在已有桥梁设备研究所、起重机研究所、工程机械研究所、液压研究所、电气自动控制研究所的基础上，新组建了海工设备研究所、工程车辆研究所。其目的一是延伸桥梁装备制造的产业链，二是打造符合国家级技术中心要求的研发资源和平台。

随着市场份额的增大，在经济危机中，武桥的净利润实现持续增长。2009年，公司销售收入增长较去年超过40%；实现利税过亿元；员工收入增长连年在两位数以上。

资本运作中，谁会是下一个惊喜？

黄雍说，武桥在现阶段的资本运作中，最大的动作包括三个方面：一是产品的生产投入。企业发展最重要的就是产品，而产品主要依靠技术。因此，研发投入应加大，因为其他手段只是营销举措，是经营的需要。黄雍坦言，桥梁机械是武桥的长项，也是主要赢利点。但要把桥梁机械做好，需要很多方面来做配套支持，其中最重要的就是资金支持。日本新干线是全世界第一条载客营运高速铁路系统，通车多年来从未发生过因人为因素导致死亡的事故，因此号称为全球最安全的高速铁路之一，也是世界上行驶过程最平稳的列车之一。这必然是我国今后的发展方向。黄雍说武桥已注入了资金做这方面的技术研究，而这部分资金除来自股东融资、银行贷款之外，还包括置换土地、整合旧设备和厂房、剥离并出让公司不具有战略意义的资产等。"股东用资金来整合资产，而我们利用资产融资，从而调整产业规模，达到提高效益、规避行业风险的目的。"黄雍说。

武桥资本运作第二个层面是资产运营。这里的资产运营并不是简单的固定资产投资，而是把企业作为有升值潜力的金融产品，通过收购盘活破产企业，从而提高企业市值的办法运作资本。而这些目标收购企业，除需满足收购条件之外，基本都是桥梁产业链中涉足桥梁基础产业的企业。收购这些企业，不仅有利于降低武桥的经营成本，完善生产线，增强竞争力，而且可以运用资本运营的方法提高企业运作资本的能力。2009年，武桥斥资4000多万元，成功兼并收购了两家做桥梁钢结构和桥梁支座伸缩缝企业，从而通过产业链的战略重组实现了成本削减，深化了武桥资源重组和优化产业布局的战略举措。

第三个层面是经营渠道，或称为占领市场高端。现代社会是信息社会，只有占领了信息的高端，才能掌控全局。黄雍说他一直想成立一个经济研究所，一来可以研究行业的经济走向，帮助企业制定发展战略，研究微观经济，二来从技术的角度为产品的研制做信息支持。

武桥重工董事长黄雍

众所周知，桥梁装备领域产品同质化程度很高，企业常常面临着刚生产出一种装备，市场上马上出现效仿的局面。对此，一方面需要投入巨额资金，依靠企业引导消费，占领产业信息高端；另一方面，产品要向不可替代性的方向发展。黄雍说在进入资本市场后，武桥正着力把研发、设计、制造、服务整合成产业链，形成自己的产业规模。另外，由于国企转制，武桥既保留了国企的规范和诚信，同时又具有民营企业市场反应快、工作效率高等特点，与竞争企业相比具有竞争优势。再者，桥梁设备领域投入大，产品前期投入大约在1000～3000万元之间，而大部分民营企业并不具有资金实力，抗风险能力差，从而使得武桥这个"新公有制企业"更具竞争实力。而相对于同行业的外资企业，由于不具有成本优势，很难与国内企业抗衡，加之渠道不畅通，体制不如国内企业灵活，因而很难真正在国内桥梁建设领域开疆拓土。这些因素，都为武桥以国内为支点，进军海外市场提供了有利条件。■

武桥重工党委书记、副董事长陈维克

图书在版编目（CIP）数据

桥梁．装备篇专辑／《桥梁》杂志社编．－－北京：人民交通出版社，2011.8
ISBN 978-7-114-09364-7
Ⅰ．①桥… Ⅱ．①桥… Ⅲ．①桥梁工程－文集 Ⅳ．
①U44-53
中国版本图书馆CIP数据核字（2011）第172755号

书　名：	《桥梁》装备篇专辑
著 作 者：	《桥梁》杂志社
责任编辑：	张征宇　　赵瑞琴
出版发行：	人民交通出版社
地　　址：	（100011）北京市朝阳区安定门外外馆斜街3号
网　　址：	http://www.ccpress.com.cn
销售电话：	（010）59757969，59757973
总 经 销：	人民交通出版社发行部
经　　销：	各地新华书店
印　　刷：	北京顺诚彩色印刷有限公司
开　　本：	889×1194　1/16
印　　张：	9.5
版　　次：	2011年9月第1版
印　　次：	2011年9月第1次印刷
书　　号：	ISBN 978-7-114-09364-7
定　　价：	95.00元

（如有印刷、装订质量问题的图书由本社负责调换）